臺灣歷史與文化 研究輯刊

六 編

第 4 冊

日本「吞併琉球」與出兵侵臺關係探析（下）

李 理 著

花木蘭文化出版社

國家圖書館出版品預行編目資料

日本「吞併琉球」與出兵侵臺關係探析（下）／李理 著——
初版 -- 新北市：花木蘭文化出版社，2014〔民 103〕
目 4+172 面；19×26 公分
（臺灣歷史與文化研究輯刊 六編；第 4 冊）
ISBN 978-986-322-948-3（精裝）
1.外交史　2.中日關係
733.08　　　　　　　　　　　　　　　　　　　103015082

ISBN-978-986-322-948-3

9 789863 229483

臺灣歷史與文化研究輯刊
六　編　第四冊　　　　　　　　ISBN：978-986-322-948-3

日本「吞併琉球」與出兵侵臺關係探析（下）

作　　者　李理
總 編 輯　杜潔祥
副總編輯　楊嘉樂
編　　輯　許郁翎
出　　版　花木蘭文化出版社
社　　長　高小娟
聯絡地址　235 新北市中和區中安街七二號十三樓
　　　　　電話：02-2923-1455 ／傳真：02-2923-1452
網　　址　http://www.huamulan.tw 信箱 hml 810518@gmail.com
印　　刷　普羅文化出版廣告事業
初　　版　2014 年 9 月
定　　價　六編 21 冊（精裝）新台幣 42,000 元　　　版權所有‧請勿翻印

日本「吞併琉球」與出兵侵臺關係探析（下）

李　理　著

目次

第十章　柳原前光矇騙清政府欽差潘蔚

前述日本征臺軍的「有功丸」先於大部隊出發，福島九成是帶隊指揮員，作爲陸軍少佐的福島九成此行的身份是廈門領事和臺灣蕃地事務局參謀。「有功丸」於 4 月 27 日從長崎出發，在未經停福州拜會閩浙總督面交照會的情況下，於 5 月 3 日直接抵達廈門。翌日，拜訪廈門同知李鍾霖，並經由他再向福建總督李鶴年轉送西鄉都督的書信，而且未等候李鶴年的迴文便開赴臺灣，以至於李鶴年 5 月 11 日要求西鄉撤兵的照會，只好由中國方面送到日本在臺的軍營中。福島未直接面見閩浙總督，可能是爲了爭分奪秒地實施登陸計劃，來不及坐下來談判，也可能是擔心直接與閩府交涉日軍征臺一事會遭到拒絕，從而影響整個軍事行動。還有一種不容忽視的可能是，琉球早在中國福州設有琉球館，當時日本雖將琉球強行納入國土範圍，但琉球並未關閉福州的琉球館，此時繞開顯然是有意而爲之。另外，日本也是在總理衙門及閩浙總督提出撤兵要求後，才派出柳前光赴清進行談判的。日本的上述行爲恐怕不能說成是外交的技巧，而只能視其爲矇騙和欺詐，因爲日本在中國不知情的狀況下，完全忽視中國立場的外交做法，根本就是不想和對方妥善處理外交事件的極端行徑。

一、柳原前光爲日本談判先行定調

日本政府之所以派柳原再次出使清談判出兵事宜，主要是由於柳原是出兵臺灣的始作俑者，品川領事在寫給大隈重信的信中「附件之主張出自天津附近商議之結果」〔註1〕也很好地證明了柳原在出兵臺灣中的作用，間接證明

〔註 1〕　（日）《大隈長官長崎ニテ大久保參議ヘ品川領事往復云々往柬》，JCAHR：A03031124000。

前述美國人是日本出兵臺灣的始作俑者。前述副島使清時期，曾提要派兵征討臺灣，但由於不是公使本人向總督衙門正式提出，也沒有正式的書面文件，而且是在日本要求頭班謹見沒有成功的前提下，故清政府方面以爲這是因爲柳原個人爲達到頭班謹見目的而提出的條件，因此沒有特別關注。雖然後來得知日本要出兵臺灣的確切消息，日本即使也提前告知，然而卻也沒有類似宣戰的聲明，因此依然無法證實其將採取如何方式，是派兵征臺，或是由官員前來交涉。於是通過輿論猜測日本可能出兵的上海地方官員，忍不住向上海領事品川詢問。品川將此信轉給大隈重信，日本依然採取隱瞞的方式，5月10日，才回復日本並不破壞中日兩國的關係，近日將派遣柳原公使到中國。〔註2〕總理衙門及閩浙總督緊急向日本發出照會，同時兩江總督李宗羲命令江蘇布政使應寶時赴上海，會同沈秉成與柳原談判，〔註3〕但是柳原卻是並不急於出發，而按照計劃繼續做着談判的準備工作。

柳原前光在赴清之前，先向右大臣岩倉具視提交了「處分臺灣之條理順序」的上陳書，就與清政府談判處理臺灣問題訂下了調子：

臺灣處分之鴻圖大略出於聖斷，受三職參贊，原非微臣得以臆測，然既奉聖命，且蒙垂問，乃羅列個人愚見如左，謹請高裁。

條理

殺人者刑，賊盜者罰爲萬國共通之法典，不可一日輕忽，前年臺灣土蕃殺害琉球人達五十四名之多，可説甚爲殘酷，彼藩以往皆在我實權控御之內，則宗主國當然有義務加以處分，故冊立藩王之後，前外務卿副島種臣奉命使清與清大臣商議時，彼大臣曰：生蕃爲我化外之地，政權有所不及，因此並未談及琉球兩屬之論。其原因在於既然彼方自認政權有所不及，則征撫概由他國任意行之，是故無須再談兩屬之論。仍告知必須處分之意後復命。

可惜其後又接備中人遭暴虐掠奪之報，若提早接獲此報，必令清國政府啞口無言，我方主意必將大爲伸張。惟琉球王尚未脫清朝冊封，往來福州之間，並有父皇母清之國情，事涉兩屬，故不願開啓隙端也。今者不然，琉藩之形迹雖然依舊，但發生備中人事件後，已較去年所稱必須處分之情勢更往前發展一步。然而若未能掌握行

〔註2〕（日）大隈重信：《大隈重信關係文書》第二卷，第315～316頁。
〔註3〕文慶等奉敕纂：《籌辦夷務始末》，第94頁。

事之先後順序，僅一味先行發艦而未對清國告知舉兵之處分，當然難免招來清人之疑惑及各國物議。當今要務應回歸根本，釐清條理、順序、目的之三項區別，尤應以條理爲首。外國人皆認爲此一清朝土番雖隸屬其國版圖，然政權有所不及，任其自外於國法且盡行專橫之事，自立國以來，情況依然未變。所謂國之所以爲國，係指眾人群聚集合，相互協力守護而來，如蠻夷流徒，居無定所，往來定規闕如者，公法上不以國視之。蓋國之眞義，行眾人之事，常服膺君主，有固定居所及土地疆界，且歸其自主者。大凡自主國皆應保衛正義，行使其權利，固然其自有之原權如此強大，但若危及他國安全時，他國亦應依據自衛權干涉其行爲。亦即例如在本國疆土內構築炮臺雖然屬於自有之權，但若該炮臺危及他國安全時，列國之中已有促其改善之例。何況臺番驕悍暴惡，傷我國民太甚，故清人雖言屬其版圖，若詰以政權不及與殘害我人民，即可令其啞口無言。但清國亦有所據，不可奢望其放棄辯解。不管如何，各國均主張管轄地點之國權亦及於海面炮彈所及之處，完全歸其所轄。何況是陸地犬牙交接之一島之中，僅因以往政權有所不及而已，故本朝一旦加以征伐，勢必歸我屬地，其事關係重大，臥塌之旁若容他人鼾睡，必生後患之憂，因此清朝政府宜自行主動伸張公理，而清朝無所作爲，應係臺灣成化外之地已久，且忌憚土番蠻悍，既思委託本朝代行但內心又擔心土地遭佔有。此點是否明言抑或默許雖不可揣測。總之我朝應緊隨去年副島種臣談判之後，再提備中人之災難，強調保護國民之義務，僅以大條理爲主旨，令使臣斷然宣告出兵處分事宜，此事一經認可，則百事盡如前議，是爲上策也。若彼朝爲日本之故盡一己之義務，自行派兵討伐，此亦爲呼應我朝之倡言，與伸張我國權，奠立政府職掌無異，如此則不屬於下策。故論以條理時，應以土番之殺戮爲主，佔有爲輔，開墾殖民等議待處分後再行議定，目前無須談論。

順序

一、臺番處分之條理如前所述，絕不可移動。然而目前之癥結在於赴清使者談判之前即先行號令都督出兵，故應審視其弊源，注意順序，避免將來重蹈覆轍爲最要。

二、阻止西鄉都督出兵者，係受到外國公使之言論煽動，絕非朝廷既定策略生變。必須秉持參酌外使之忠告，擬定朝議，但其下令若以某某電報及三條公之私函方式為之，則西鄉之拒不從命，實乃承聖命之重託，並得以顧全境外之體制，應屬美事一樁。故與清國談判之順序發生錯置，在於以往朝廷策略未盡周全，且停令方式不宜所致，絕非都督之疏失，更何況部屬兵員？

三、外國公使之忠告要點，待寺島外務卿談判後即可瞭解，然外使所言者畢竟僅為忠告，採納與否，加之在我，非足以招來指責之大事，故僅須稍加注意，別無窒礙。

四、微臣知大人斟酌大久保參議回京復命之用心當然必有深遠之顧慮，但招回廈門之士兵，回歸正當充分之程序談判，於現地將難以實行。因此應立即下令廈門士兵撤往臺灣，與該地方官之應對則委託福島領事充分解釋，以解除疑懼，討蕃之行動則應待使節回報。

五、西鄉都督若認先鋒部隊難以招回，應快速挺進，先與福建總督懇談之後，對臺蕃完成部署，於當地養精蓄銳，並下令使節回報的不得行動，此事都督亦應向總督報告。

六、都督與先鋒部隊之進退至為重要，其利弊各半。不管如何，雖然可視與清國交涉之適當時機撤兵，但如今已成騎虎難下之勢，應以條理為基礎，高呼正義之聲，往前邁進，惟不宜先鋒獨進，而後繼無人，以免朝廷政策生變暴露於內外，但本件若確為順應聖裁而作一刀兩斷之明斷，則非微臣得以置喙。

七、先鋒兵雖然已在臺灣蕃地屯營，但屬於試探性質，都督應暫緩出艦，待清朝有所決定後出發，此事由使節及福島領事傳述亦可。

八、自英、美雇用之外國人務必暫時召回，或徵詢彼等是否願意隸屬於福島領事之下從事軍事以外之工作，專為應接公使之用。如何？

九、詔旨固然應確立不搖，但當前情勢下有不適施行者，應另頒副諭令其暫停施行。詔書至高無上，稍有削減，多少將損及君權，

且危害士氣。尤其非特別必須向外國人揭示者應予以保存，不得已必須揭示者，應視情況變通。

十、日清兩國間情勢極為迫切，錯失一步將影響全亞洲之盤局，故應嘗試稟請頒佈特旨，賦予一等官重臣全權大任，令其率領軍艦數艘，立即開往天津見機行事，堅決申張條理，辯明義務，以試成否。

十一、全權大使出發前應先派遣鄭一等書記官至上海會晤道臺，詳細說明並翻譯外務卿致總理衙門照會書說明實際情形。

十二、本書之意在於睦鄰，可特命某人為全權大使，駐守清國，負責交際事務。大臣入京之日，優先陳報臺蕃處分之可否。

十三、微臣認為，此次之癥結由未報與清國談判即先行出兵一事所致，西鄉雖曾有照會，但彼氏為一武官，並非清政應接觸之對象。交際應僅由彼我兩國之外務卿為之，故先鋒兵自崎陽解纜之日應注記於照會書，稍微補救順序之脫誤，且告知大使之行，對方亦當以禮相待。

十四、全權大使應立即率艦出發，但若不能確定朝議之基本不再生變，必將再出差錯，且前件業經外務卿事先通報，彼朝更無輕舉妄動之理。

十五、依據副島種臣先前主張，出兵一事經協議後取得證據書雖甚有必要，惟此事恐不易成功，至多止於默許而已。

十六、微臣認為，目前清政府對我未經談判即出兵廈門雖表示不解、不滿，其實清政府對征伐臺蕃一事並不積極反對，然因顧慮一旦交予證據書，我朝征討後將演變成領有該土地之處境，故未敢允諾，此時應由我大使寄發文件，順應彼朝默許之情勢，毅然派兵征伐，若無造成兩國間之嫌隙，雖末取得證據，只要呼籲各國繼續維持中立，並不構成我方妨礙，沒有取證據書也沒有關係。

十七、參考前年美國領事處分臺蕃之例，再三斟酌之下，我方必然將提示此例，但恐無大助益。不論如何，今日之清政府已難以如以往不抱佔領土地之疑慮般看待此事件，因此固然須用心取得前述證據書，但若對方嚴詞拒絕，則應退而求其默許。

十八、琉藩事件既然已於去年使清期間開啓其端緒，此次接續再談亦無妨，惟彼方若提及兩屬之論時應迴避此議題，僅須主張我方實權可及彼地，告知非僅琉球人民，我備中人亦遭暴力掠殺，而清政府多年來一直未曾處分臺蕃，即爲化外之實證，予以辯駁。

目的

臺蕃處分一事，因應目前之情勢已陳述條理及順序二項如上，但仍須推察使清者開談後之結果，預先擬定策略，以防範後日之憂。微臣認爲其結果不外乎左列五項：

一、清朝公開許諾處分臺蕃，坐視我方領有土地一事。

二、清朝允諾日本帝國有處分臺蕃之義務，另議論領有該土地之事。

三、清政府呼應日本之義務，出兵征討臺蕃，西鄉都督按兵不發，在旁觀察戒備，或與清兵合縱討蕃。

四、運用閃爍其詞、爭論巧辯、推託延宕答覆，致最後一事無成，令使節窮於應付之策。

五、憤怒琉藩冊封，指責我未經談判即出兵廈門，危害兩國交誼，揚言暫先撤兵後再開對談。

預測未來，籌劃於前，非識者無能爲之，惟若依據情理加以推究，不出此五項，然而第四項所列情形不容發生，此外如嚴拒使節、拒絕接待、開啓兵端等均爲意料外之事，必須以特殊手段處理.謹陳.

〔註4〕

柳原前光在「條理」中對日本吞併琉球的事實供認不諱，並認爲日本已經成爲琉球的宗主國，沒有義務與中國談及琉球的兩屬關係。而臺灣番地由於政權有所不及，固一旦出兵征討，就必須將其收爲屬地管轄。並以借用「山原號事件」後的「備中人遇難」一事爲上策，以土番之殺戮爲主，佔有爲輔，開墾殖民等議待處分後再行議定。柳原在「順序」中承認日本之後以中途停止出兵並不是其本意，而是由於各列強的干涉而「西鄉之拒不從命，實乃承聖命之重託」，並想通過談判取得清政府的默許或取得日本出兵征討臺灣的許可，以達到

〔註 4〕 （日）《柳原公使ヨリ岩倉右大臣ヘ臺灣處分二付條理順序目的ノ三件上陳》，JCAHR：A03031124500。

佔有臺灣番地的目的，他最後預測中國絕不可能拒絕日本使節而開啓中日戰爭。

　　柳原前光還特別希望李仙得能與他一起赴清〔註5〕，並由李仙得擔任勸說中國地方官的任務：「李仙得去福建，游說總督及其他官員，授以周旋勸事之任。」〔註6〕根據《大久保利通日記》（1874年5月18日）記載，當天柳原公使與大久保、李仙得等剛從長崎會議回來的人員會談，接受他們的策略。〔註7〕但由於中國對李仙得頻繁指責，使李仙得已經沒有辦法再跟隨他赴清。柳原只好於19日，攜帶外務省給清政府的照會，〔註8〕離開東京前往長崎，此時的日本政府才正式向外公佈發動征臺事件。可見日本明治政府爲實現準備二年之久的出兵臺灣之行動，達到順利吞併琉球之目的，完全不顧及清政府的立場，僅憑估計和預測來判斷清政府對出兵臺灣番地的態度，完全是自以爲是的獨斷專行，更是以後日本軍國主義醜行的榜樣。

　　柳原到達長崎後，也並不急於出發前往中國。長崎是此次日本出兵臺灣的前沿，來自清政府的情報會最先到達此地，先駐留在此地，以便搜集清政府及各方面的反應及情報。柳原前光在長崎會見了蕃地事務支局官員林海軍大佐、橫山租稅權助，商談擔任事項，並得到品川的信函，此信告知柳原，清地方官正期待與柳原的交涉，「本地沈道及陳司馬等人亦熱切候駕，如前函所提陳司馬稱應寶時亦曰閣下抵滬時務必通報，彼將前往致意。」〔註9〕柳原向中央政府的報告中也稱：「清國政府每日只待敝人來臨，別無他事，我軍已於琅橋屯營。」〔註10〕

　　另外品川還向柳原報告了琉球貢船照常前往福州之事及英國水師提督的反應，「駐上海英國水師提督前往陳同知處告知：本以爲日本已停止對臺灣出兵，今日五時接廈門發電報爲日本軍隊已登陸臺灣，我方亦派遣軍艦一艘前往觀察其動靜。」〔註11〕

〔註5〕（日）《臺灣始末拔粹坤／2 明治7年4月29日から明治7年5月19日》，JCAHR：B03030109100。

〔註6〕（日）《岩倉公實記》下卷，第182頁。

〔註7〕（日）《大久保利通日記》下卷，第270頁。

〔註8〕（日）《大日本外交文書》第七卷，第16～17頁。

〔註9〕（日）《柳原公使長崎ヨリ三大臣ヘ品川領事電報云々其佗數件來束》，JCAHR：A03031125800。

〔註10〕（日）《柳原公使長崎ヨリ三大臣ヘ品川領事電報云々其佗數件來束》，JCAHR：A03031125800。

〔註11〕（日）《柳原公使長崎ヨリ三大臣ヘ品川領事電報云々其佗數件來束》，JCAHR：A03031125800。

　　品川於 22 日再次發來電報，彙報日本出兵之後清政府的反應。品川在電報中說：「清國政府其後無任何聯絡，道臺每日皆謂只待閣下來臨，清國官員確實仍不知我已對生蕃出兵，我兵士於琅嶠屯營之報紙今甫到手。」〔註12〕

　　接到品川的電報後，5 月 24 日柳原委託本地蕃地事務支局官員林海軍大佐、橫山租稅權助，代發電報，彙報自己到達長崎之後所接收到的各方面的情況，其內容如下：

　　　　一、二十一日自長崎拍發之電報已接獲正院及外務省覆電，伊地知貞馨日前自琉球歸來時，攜回該國與外國締結之條約正本，前外務卿副島種臣去年於琉球冊封後，曾致函美國公使，明告與琉藩締結之條約應併入我國，然其後伊地知貞馨亦帶回荷蘭、法國締結之條約正本，今後外務卿與此兩國之間應如何應對，想必已有決定，上述方針若蒙議定，如下官日前陳函中所述，將來之目的等盼請示知。

　　　　二、品川領事於本月十八日所發信件已經收到，據聞最近琉球貢船仍然如往駛抵福州，感覺清人會更加疑惑。

　　　　三、福島領事及隨員吳一等書記生於五月四日自廈門寄發之信函已於本地取得，此函僅為陳述該兩人本月三日抵廈門，四日於該港面見該港同知官李某，遞交西鄉都督信函，逐一商談，李某已瞭解，僅表示擬於五日轉航臺灣。該函今已轉送外務卿，請鈞閱。另檢附品川致下官信函呈報。

　　　　四、於本地事務支局得見福島發來電報如左：如今我五艦船已平安自臺灣歸來，熟蕃臣服於我。一切盡如我意，營帳難抵夏暑，不適居住之故，請盡速運送木材。風聞英國人對清國挑撥離間，我當立即前往臺灣府。清國函覆都督謂琉球生蕃為其屬地，故請立刻撤兵。我當盡速檢附其抄本陳報。

　　　　五、本地事務支局曾派遣平野祐之與渡部興一郎兩人至清國探查，彼等五月七日自上海發來之信函中，載有清官員與品川領事及神代書記生應對內容，對瞭解清國情況頗有助益，其中最重要者，李鴻章對征蕃一事極為注意，彼認為即使有可問罪一事，但未與清

〔註12〕　（日）《柳原公使長崎ヨリ三大臣へ品川領事電報云々其佗數件來束》，
　　　　　　JCAHR：A03031125800。

國談判即行出兵征討不符條理，若有談判則必然有所回應。我官員云：在臺清兵有抗拒我軍之論，不擔憂引發釁隙，導致兩軍交戰？清官云：彼此皆有通辦，絕無其事，不必多慮。該信函中以此件最重要，其內容確確鑿鑿為清官之言，其他皆為小道消息，此探查書已囑咐林大佐、橫山權助交付下一班船帶運至正院之事務本局。

六、閱讀品川寄發近日上海申報數份，內容紛雜，無確切明朗者。但其中有一件指稱日本為盡義務征蕃雖情有原，但嗣後若佔有該地則決無可恕。故日本使節抵達後應充分辯論，以究明其真正用意，勿陷入其甜言詭計之中。下官暗自臆想，最後能如下官淺見以正義之論為此次出兵獲致圓滿之理由。

七、本地傳聞英國人頻頻煽動清政府，更加深清政府之疑懼與驚恐。且外國駐清公使下令清國軍事雇用之外國人悉數退職。此係既已禁止外國人受雇日本從事征蕃之舉，對清國亦不應偏袒，以示公平，今日此種舉措，可謂暗中激化清人之計中計。

八、既已發動征蕃之舉，海陸軍省應更加奮發邁進，貫徹任務。然於本地獲知勝海軍卿（勝海舟）、河村海軍少輔提出辭呈不知是否屬實，略以為憂，俟後勞請賜知。

九、出發前曾私下要求岩倉公（岩倉具視）及大久保參議迅速外派雇傭人員李仙得擔任下官之參贊，但不知美國公使有否允許，且李仙得其人極為意氣風發，現已屈就蕃地事務局準二等官，並引以為榮，或許因與下官同為二等官，可謂比肩同等，因而表示不願屈居柳原之下亦有可能。若外派前者有所不便，擬請下令平井外務少丞兼任一等書記官並予以外派，平井通曉英、法語，且能言稍許漢語，對下官頗有助益，惟即使外派李仙得而籌無平井隨行，仍然無濟於事，此事請與外務卿洽談為盼。

十、上海申報為漢文記述，當然可詳悉清人之情況，故日前大隈參議曾囑咐本地事務支局陸續呈送高層參閱，此後將陸續陳報正院。關於此項，若非命令文部省一等教諭穎川重寬翻譯後呈閱，恐無法瞭解官府之習慣用語。〔註13〕

〔註13〕（日）《柳原公使長崎ヨリ三大臣へ品川領事電報云々其佗數件來東》，JCAHR：A03031125800。

　　柳原上述電報主要報告品川電報大意，然後向政府彙報一些事情的演變情況，並請示下一步的行動方針和策略。柳原首先報告了琉球和各國條約變動情況，明確琉球的外交事務已經由日本政府接管。但「據聞最近琉球貢船仍如往常駛抵福州，感覺清人似乎更加疑惑」之說，表明琉球與清政府之間的關係並沒有改變。在彙報福島遞交西鄉照會事件時，將中國地方小官對信函的瞭解程度大肆渲染。柳原還瞭解到間諜人員獲得的情報，其中有中日接觸的情況，以及清官員特別是李鴻章的態度。不難看出，柳原對此消息，格外重視並暗中竊喜，他以為，李鴻章的態度表明中國不會動用武力驅除日本軍隊的態度。柳原通過分析品川寄發的上海申報，隱約覺得中國政府認為「日本為盡義務征蕃雖情有可原，但嗣後若佔有該地則決不可恕」，於是對中日關於此事件的結局做出了事先預測，即是「最後能如下官淺見以正義之論為此次出兵獲致圓滿之理由」。柳原從自己所獲得的關於外國的情報分析，「外國駐清之公使下令清國軍事雇傭之外國人悉數退職」的舉措，可能是「激化清人之計中計」。對於中國方面表現出的反對，外國暗中的牴觸，柳原頑固堅持：「既已發動征蕃之舉，海陸軍省應更加發奮邁進，貫徹任務」。〔註14〕為了保證自己對華交涉的成功，柳原再次請求李仙得隨行，「迅速外派雇用人員李仙得擔任下官之參贊」，即便不能如此，也仍希望增派「通曉英、法語，且能言稍許漢語」的「平井外務少丞兼任一等書記官並予以外派」。為更詳細獲知中國的情報，還特別建議政府命令相關人員翻譯上海申報。

　　以上的諸種措施可謂詳備，但柳原還要再調派「外務六等出仕森山茂儀兼任二等書記官」。其理由是「目前正值皇清兩國關係動蕩，事關安危之際，終日論辯激烈，因此日後代替下官回朝復命，仰承朝議重大決策等重任難以託付。森山雖不善翻譯文案，但膽略具備，內外不懼，能達成使命，加之日前內諭所示，現正值與清朝官員會談朝鮮和交事宜之際，該員以往即從事朝鮮事件相關工作，熟知事件經緯，最適合調派此職」。〔註15〕可見，此時的柳原已經預測到中日間交涉的難度，為了如期達成本國的目的，所以急需膽略具備，內外不懼之人作為助手。

〔註14〕　（日）《柳原公使長崎ヨリ三大臣ヘ品川領事電報云々其佗數件來柬》，
　　　　　JCAHR：A03031125800。
〔註15〕　（日）《柳原公使長崎ヨリ三大臣ヘ品川領事電報云々其佗數件來柬》，
　　　　　JCAHR：A03031125800。

綜上，柳原前光在赴清前不但對日清談判內容順序等事先謀劃，對於新近出現的各種情況，皆作了具體的分析，並提出了自己的應對和解決辦法。在諸準備都已經完成後，他才 5 月 24 日晚從長崎出發前往上海。此時日本出兵臺灣已經近一個月了。

二、柳原前光拖延抵制與清政府的交涉

日本出兵臺灣後，福建布政使潘蔚奉旨作爲欽差幫辦來到上海。柳原前光於 5 月 28 日抵達上海後，並不急於談判，而是誘騙沈秉成道臺，「說服沈秉成前去游說潘蔚，先挫其銳氣」，「道臺亦熱心穿梭其間」〔註 16〕。柳原爲瞭解清政府的態度，還積極收集各方面的情報，從清道臺手裏將總理衙門遞交給日本的書信悉數獲得。

柳原在這些信函中發現問題：「函文中載有去年副島大使派遣下官及鄭赴衙門詢問澳門、朝鮮、臺灣三件一節，但其中有不少不符實情之處，更無央請清國居中調解朝鮮事件之事。當初派二人赴臺灣蕃地，所論處分生蕃之義務，與彼之言似是而非。下官推測上述應是清人故意操縱其模糊曖昧之策略。」〔註 17〕另外，柳原還知道清方堅持琉球及臺灣蕃地皆爲其屬地，要求日本馬上撤軍，否則即違背萬國公法及條約，且各國駐北京公使亦不同意清國失去主權。所以柳原馬上致電讓日本政府注意防範：「待信函收訖後，只須答覆我國已委任西鄉中將派兵，詳細情形已責成該人照會福建總督。其大致經過一如去年副島派遣柳原、鄭向貴衙門申告，且詢問所及三事當中，貴大臣所言不免有齟齬之處。」〔註 18〕

5 月 31 日，柳原與代理江南總督江蘇布政司應寶時進行第一次正面交鋒，面對應寶時提出日本出兵臺灣爲侵犯清國固有主權，且未能談判有違和親國所爲及國際法，並要求日本馬上撤兵。柳原馬上反駁：「去年早已告知總理衙門處分生蕃之事，且此次西鄉亦曾先行照會福建總督，並無違背友誼之處，如今清朝再提撤兵之論，不啻妨礙我義舉，且貴國一向不重視生蕃，自古即

〔註 16〕　（日）《柳原公使上海ヨリ三大臣及寺島外務卿ヘ潘イ往復書回付其他數件來》，JCAHR：A03031127400。

〔註 17〕　（日）《柳原公使上海ヨリ三大臣寺島外務卿ヘ沈道臺來館並總理衙門書柬沈応陸書狀云々其他數件來柬》，JCAHR：A03031126700。

〔註 18〕　（日）《柳原公使上海ヨリ三大臣寺島外務卿ヘ沈道臺來館並總理衙門書柬沈応陸書狀云々其他數件來柬》，JCAHR：A03031126700。

有明證，而斷然拒絕撤兵，絲毫不爲所動。」〔註 19〕並有意迴避了領有之目的：「至於佔有，下官則以該詞涉及霸道詭譎之意，貴朝不該向和親國之朝出此言爲由，刻意迴避此話題。」〔註 20〕

6 月 6、7 日，日本派來的駐華公使柳原前光終於開始與欽差幫辦潘蔚進行了交涉。潘蔚對日本出兵理由疑惑不解，一直想通過據理詰問，促使日本從臺灣撤兵。但是柳原卻施展詭計，表面上做出非常誠懇的態度，「至誠面接」，但是對於潘蔚關於撤兵的要求則「堅決反對」。〔註 21〕

柳原不顧實際存在的明顯分歧，竟然扭曲成經過一番長談，「彼此見解漸趨一致」，會談結束之際，亦即 7 日黃昏，「百般游說爲兩國和好之計，遂於七日互相檢閱來往信函草稿」，而且「因彼覆函內文句頗有冒犯我主權且曖昧不明之處，經一番激詞威逼之下，重新修改函文」。〔註 22〕柳原坦然此種信函確實是「以威逼方式取得」，〔註 23〕而且由一個「僅爲次官」的官員，簽名撰寫「如此決斷性覆函」，可能「權限」有些不妥。儘管諸如以上欠妥的地方頗多，但他還是自認爲已說服了中國中央政府派來的官員，完全實現了自己努力的目標，「終於議定討蕃是爲日本政府之義舉」，並爲此而慶幸不已，堅信「一夕在握，此番一舉如獲至寶，又可居堅固不搖地位之策略」。〔註 24〕

這是柳原呈報給本國的文件，固然不會承認自己的錯誤和缺點，但經過如上的梳理，不難看出其問題之所在。柳原仍然是在沿用此前對中國的做法，以克敵制勝的態度和策略，利用自己掌握的條件，想方設法地製造對方的過失，最大限度地達到爭取自我私利的目標。

柳原對於交涉的結果，也有不滿意的地方，即是殖民臺灣的計劃遭到中國政府的堅決抵抗，柳原坦承「惟彼對我將來領有該土地一事仍不退讓，彼

〔註 19〕 （日）《柳原公使上海ヨリ三大臣寺島外務卿へ沈道臺來館並總理衙門書東沈応陸書狀云々其他數件來束》，JCAHR：A03031126700。

〔註 20〕 （日）《柳原公使上海ヨリ三大臣寺島外務卿へ沈道臺來館並總理衙門書東沈応陸書狀云々其他數件來束》，JCAHR：A03031126700。

〔註 21〕 （日）《柳原公使上海ヨリ三大臣及寺島外務卿へ潘イ往復書回付其他數件來》，JCAHR：A03031127400。

〔註 22〕 （日）《柳原公使上海ヨリ三大臣及寺島外務卿へ潘イ往復書回付其他數件來》，JCAHR：A03031127400。

〔註 23〕 （日）《柳原公使上海ヨリ三大臣及寺島外務卿へ潘イ往復書回付其他數件來》，JCAHR：A03031127400。

〔註 24〕 （日）《柳原公使上海ヨリ三大臣及寺島外務卿へ潘イ往復書回付其他數件來》，JCAHR：A03031127400。

來函之意，若此後再有此事，將由清國派兵查辦，且為使本朝政府滿意，今後將照約竭力保護，或派兵船巡邏，或設燈塔等」。〔註25〕可見中國政府對領土主權的保護成為其對外的目標，儘管「微臣千方百計思索對策，亦曾面臨累卵之危機情勢，可謂費盡苦心。今後雖也有得隴望蜀之可能，但終究彼亦難行，以微臣區區之力難以籌辦。」〔註26〕勿需贅言，日本此次出兵征臺的動機，柳原的信函已昭然若揭，供認不諱。

柳原前光深知自己的做法是在矇騙中國官員，也擔心時間一久恐怕陰謀敗漏，所以特意函請本國政府事先頒佈通知書，以便事情一結束，自己便返歸本國，及早離開是非之地：「日後潘蔚正式遞交照會書後，將迅速呈送我國，下官並立即前往北京，選定使館地點，謁帝呈奏，事畢後擬立即回朝覆命」。〔註27〕

柳原前光與潘蔚的會談是在秘密狀態下進行的，除了翻譯官鄭永寧外，並無其他人在場。柳原稱他已向潘蔚要求此次交涉暫時不提西鄉撤兵問題，〔註28〕但是據兩江總督李宗羲的描寫，「潘蔚抵滬，又協同沈秉成與柳原前光連次詰難。現據沈秉成稟報，該使臣允函致西鄉從道，按兵不動，聽候覆辦等語，似可藉此轉圜」。〔註29〕兩人交涉結束後互相交換了文件，雖然難以查證當時兩人交涉的具體內容，但是通過這兩份文件，卻可大致窺測出兩人的關注點和會談的結果。

柳原前光首先陳述了琉球難民受害的經過，並對中國的救助行動表示感謝，對生番人則污蔑其「殺難民如麋鹿，盜財物為生業」。〔註30〕並將其與中國相分開，「脫然於化外」。對番民進行了一番斥責後，又滔滔不絕的大講本國出兵的理由。他先從大道理上講述：「夫殺人償命，盜物受罰，萬國通典，為君主者，不可一日忽諸」。〔註31〕然後又從本國國境相鄰角度尋找根據：「況

〔註25〕（日）《柳原公使上海ヨリ三大臣及寺島外務卿ヘ潘イ往復書回付其他數件來》，JCAHR：A03031127400。

〔註26〕（日）《柳原公使上海ヨリ三大臣及寺島外務卿ヘ潘イ往復書回付其他數件來》，JCAHR：A03031127400。

〔註27〕（日）《柳原公使上海ヨリ三大臣及寺島外務卿ヘ潘イ往復書回付其他數件來》，JCAHR：A03031127400。

〔註28〕（日）《處蕃提要》第四卷（上），第67～68頁。

〔註29〕文慶等奉敕纂：《籌辦夷務始末》卷九四，第18頁。

〔註30〕（日）《柳原全權公使ヨリ福建布政使潘イへ往來》，JCAHR：A03031127600。

〔註31〕（日）《柳原全權公使ヨリ福建布政使潘イへ往來》，JCAHR：A03031127600。

我國境，與該蕃地一葦可航」。隨著時代變化，國際間交往逐漸頻繁，「方今東西，海舶旁午。該地蕃此蠻種。嗜殺行劫。深堪憂慮。若不即事下手懲辦，後患何極？」〔註32〕不僅為自己出兵臺灣羅列了諸多理由，而且還以「從前英美兩國，亦有此舉，非創見也」為先例，證明自己出兵的正確性。還將上次副島使清時的事情托出，將自己為了矇騙而採取的行動，顛倒黑白地說成：「故我欽差頭等全權大臣，去年在天津換約後，進京議察覲之際，派本大臣至總署，告明遣使問罪之意。」〔註33〕又將福島帶征臺軍繞開福州，直接將照會送給廈門的同知小官的做法說成是「特送公文」，並「知照浙閩制臺」，將登陸琅嶠視為「經由水路，直至蕃地。」並將其美化成「慎防兵丁滋生事端。凡此，俱出保存兩國和好之衷」。又把對生番的武力行動說成是被動防衛：「本因生蕃伏於菁間，狙擊我兵之入牡丹社而起」。〔註34〕

柳原陳述了獲知清政府主張的來源：「十日前到滬得晤沈道臺，即悉貴國總署特發公文，寄我國外務省，又經浙閩制臺給西鄉以回文云，生番亦屬清國之民，即有殺人之罪，應憑中國查辦，不必日本代謀，故須西鄉退兵回國等。」以義舉為名搪塞撤兵要求，「我師既出交鋒，況西鄉奉君命，豈懇輕退？我朝經已布告通國，誓其保民之義，何可中止？」將中國政府提出的撤兵要求，歸結為「恐貴國未熟悉我情。」柳原順便提到：「五月二十三日有中國兵船到琅嶠，其兵官傅以禮、周振邦、吳本傑三名，來索李制臺前送回文之照覆。」當時西鄉答道：「我奉軍權行事而已，如其交涉兩國和好辯論事宜，請與全權公使柳原協議可也等語。」為西鄉未給中國回文照覆開脫。面對中國政府官員潘蔚的問詢，柳原將西鄉的任務作了說明，即「第一捕前殺害我民者誅之，第二抵抗我兵為敵者殺之，第三蕃俗反覆難治，須立嚴約，定使永遠誓不剿殺難民之策。」〔註35〕並要求潘蔚：「請閣下到閩，會同沈欽差辦理，言歸兩國和好，是所切望。」〔註36〕

潘蔚收到柳原的書信即刻覆信，回信中說道：「經貴大臣面稱，此係專指牡丹社卑南二處搶害之生番而言，與別社並未滋事之生番無涉，足見辦事頭緒分明，如再有滋事者，應由中國派兵查辦，事屬可行。第三條所云，中國

〔註32〕 （日）《柳原全權公使ヨリ福建布政使潘イへ往柬》，JCAHR：A03031127600。
〔註33〕 （日）《柳原全權公使ヨリ福建布政使潘イへ往柬》，JCAHR：A03031127600。
〔註34〕 （日）《柳原全權公使ヨリ福建布政使潘イへ往柬》，JCAHR：A03031127600。
〔註35〕 （日）《柳原全權公使ヨリ福建布政使潘イへ往柬》，JCAHR：A03031127600。
〔註36〕 （日）《柳原全權公使ヨリ福建布政使潘イへ往柬》，JCAHR：A03031127600。

自當照約竭力保護，擬於海船經過要隘，或設營汛，或派兵船，或設望樓燈塔，使商船免致誤入，再被生番擾害。請紓貴國錦懷，永敦和好，俟本司到閩後，向沈大臣秉商，咨請總理衙門核示，即行奉覆。」〔註37〕潘蔚的信函並未像柳原所說，承認日本出兵爲義舉之類的語言。「足見辦事頭緒分明」指的是日軍不追究他番的責任，而且今後此類事情歸中國處理，說明清政府不再與日本辯論日本出兵原因，但強調番地歸中國所屬的事實。潘蔚還在第三條中承諾中國會按約盡責保護航海者的安全，僅就此點也可以說明中國維護領土主權，以及遵守國際規則的堅強意志。

　　柳原收到潘蔚的書函，牽強地認爲清政府已經承認日本政府的征臺爲義舉。〔註38〕潘蔚則認爲：「該酋始則一味推諉，繼忽自陳追悔，爲西人所賣，商允退兵，有手書可據」。〔註39〕兩人談判是在秘密狀態下進行，事後說法卻大相徑庭，是外交手段還是理解偏差，確實不得而知。此後兩人的做法，果眞出現了南轅北轍。潘蔚認爲柳原的書信告訴西鄉「按兵不動，聽候覆辦」，〔註40〕於是攜帶柳原的文件前往臺灣，要求西鄉撤兵。柳原則認爲與潘蔚的交涉有苗頭，可以在上海等待答覆，柳原在給日本海軍大佐等的信函中聲稱，已與潘蔚約好暫不與西鄉談撤兵之論。〔註41〕

　　在上海的柳原公使，不顧清官員的多次交涉，採取不理會中方照會，故意拖延回覆的計策，強硬抵制的外交立場和交涉，而對本國的既定計劃執行得卻非常堅定。對李鶴年的第一次照會，柳原向日本駐上海領事品川指示不必答覆，〔註42〕6月11日，總署給柳原公函，詰問日本爲何對總署二次照會未予答覆，〔註43〕柳原謊稱他爲了等待二封照覆才暫時留在上海。〔註44〕直到6月25日柳原才在接到日本命令後給總署照覆。〔註45〕柳原鑒於瞭解到的情況，認爲此時前往天津和北京，必定無法與李鴻章和總理衙門交涉，即使

〔註37〕　（日）《柳原全権公使ヨリ福建布政使潘イへ往来》，JCAHR：A03031127600。

〔註38〕　（日）《處蕃提要》第四卷（上），第46頁。

〔註39〕　文慶等奉敕纂：《籌辦夷務始末》第22頁。

〔註40〕　文慶等奉敕纂：《籌辦夷務始末》第18頁。

〔註41〕　（日）《柳原公使上海ヨリ林海軍大佐横山租税權助へ福建總督退兵論云々来束》，JCAHR：A03031127700。

〔註42〕　（日）處蕃提要》第四卷（上），第2頁。

〔註43〕　（日）《大日本外交文書》第七卷，第113～115頁。

〔註44〕　（日）《大日本外交文書》第七卷，第127～128頁。

〔註45〕　（日）《大日本外交文書》第七卷，第132～133頁。

不遭到拒絕，也無法實現預期目的。於是柳原暫時停留在上海，等待情況有利時，再進行下一步的行動。〔註46〕

小結

綜上所述，柳原前光早在赴清之前，就已經先行為談判定了調子，故不論柳原與應寶時的會談，還是柳原與潘蔚的交涉，都是按照既定的方針來進行的，而清官員對此沒有任何準備，對國際法也不甚瞭解，更為了求得事情的儘早解決，在柳原提出三項條件可以成為撤兵前提下，未繼續和柳原辯論日本出兵的理由，而是天真地認為如能達成此三項條件，日本自然會撤兵回國，當然無需再多加辯論，其實正好步入了日本人設置好的圈套，自我放棄了本來正當的交涉理由，造成了極為被動局面。而事實證明，這種妥協，最後還是招來對方在以後的貪欲無度的侵略。

〔註46〕（日）《處蕃提要》第四卷（上），第6～7頁。

第十一章 無果而終的柳原前光與
清政府交涉

　　西鄉從道在平定牡丹社後，馬上派福島九成赴臺灣府與清政府在臺官員會面，使「彼等既無維持鶴年照覆函原意對我議論之義，也無出兵抗拒我軍之意」，同時向蕃地事務長官大隈重信報告，請求「務必維持朝議，以成全此局」〔註1〕。同時開始著手軍事準備，做好長期霸佔臺灣蕃地的準備。但為避免列強的干涉及給清政府以侵略的口實，柳原前光繼續在清進行交涉。

一、日本作好發動戰爭的準備

（一）日本為達到殖民臺灣番地做好戰爭準備

　　日軍以武力攻破牡丹社以後，號召牡丹及高士佛番社的番人早日投降，並開始佔領了牡丹社周圍的臺灣番地，但要想達到永久開發殖民番地的目的，必須擴大佔領範圍，「為了開闢往東部發展之路，需要獲得另一港口，以便利交通運輸。於是決定進軍到鵝鑾鼻，設立分營，依豪斯的記述，日軍為獲得東海岸的港口與頭目們舉行第三次會談，四月二十七日（六月十一日），參軍赤松則良會同福島九成率一小隊，乘坐日進艦赴龜仔角番地方，四月二十九日（六月十三日），日兵同花旗人攻龜仔角社，將到大埔角地方交戰，小卓杞篤勸和，即往番社中相會，於是，日軍在卓杞篤為頭目的豬朥社地方設

〔註1〕 （日）《西鄉都督ヨリ大隈長官ヘ蕃地處分略定云々來束》，JCAHR：A03031127300。

分營，從此，日軍以琅嶠灣龜山本營爲中心，佔領了從楓港、雙溪口，到東部的溪口港，可以說控制了大局。」〔註2〕

　　西鄉從道所率領的侵臺軍要想真正在臺灣番地站穩並長期殖民，必須對臺灣番地進行開拓，爲此，福島九成還向大隈重信提出了開發番地的報告：

　　　　爲了鞏固自我防備的殖民地基礎，必須建設日本人自給自足的開墾殖民地。蕃地富有資源，例如在日本設置分營的豬撈社地方生產堅硬的木材，可以先生產木材而後才開墾種植蔬菜，或開辦漁業等，這樣不但可爲日本國的貧民提供新天地，讓他們移民來解決生活問題，還可以給駐紮軍隊提供日用食物，如果開辦木材業及漁業，將有助於開辦日本與蕃地之間的運輸業，而這些事業都能籌措殖民地的財源。並且日本國內的犯罪而應課勞役者，也可以移到臺灣服役，如此則可以達成開墾及據守蕃地的目的。目前中日之間，外交談判尚未解決，日軍必須駐紮一大隊兵力於此，萬一中日談判破裂，即可立刻衝鋒陷陣，搶劫糧食以堅守防備。關於臺灣蕃地北部，日本因人手不足而還無法著手，然而中國似乎有所措施，故日本也應該派殖民兵半大隊及勞役者二百餘名，到蕃地北部。〔註3〕

　　日本要想佔領殖民臺灣番地，必須得到清政府的認可，故柳原在清的談判，就顯得特別重要。爲了加強柳原談判的力量，命令福島九成和赤松則良幫助其工作，堅持原有的計劃，排除中國的阻力和干擾。〔註4〕於是，赤松、福島等於6月17日抵達廈門，拜訪了福建鹽道陸心源，對李鶴年第二次要求撤兵的照會進行了反駁，然後前往上海支持柳原的外交活動。

　　6月23日，參軍谷干誠和樺山資紀，從臺灣奉命回到日本。報告西鄉已經控制了臺灣「蕃地」的情況，並請求開始實施「鎮定後着手誘導開化土人，興起有益之事業」。〔註5〕

　　28日，臺灣蕃地事務局長官大隈重信，也請求政府決定今後日本的堅決立場和外交政策。〔註6〕面對此種新形勢，當時日本政府內部對今後的政策出

〔註2〕　藤井志津枝著：《近代中日關係史的源起》，第140～141頁。
〔註3〕　藤井志津枝著：《近代中日關係史的源起》，第140～141頁。
〔註4〕　（日）《大隈長官ヨリ赤松參軍福島參謀ヘ公使輔翼大事円成云々往東》，JCAHR：A03031128800。
〔註5〕　（日）《大隈重信關係文書》第二卷，第396～397頁。
〔註6〕　（日）《大隈重信關係文書》第二卷，第396～398頁。

現了兩種方案。一是伊藤博文等長州人士對「征臺」不感興趣的「立刻撤兵論」，〔註7〕二是大久保利通等以外交攻勢屈服中國，如清政府不屈服則日本不惜一戰的「開戰論」。

7月8日，陸軍中將、參謀局長、陸軍卿山縣有朋，向天皇上奏「對清三策」，第一策為撤兵論，第二策為清國膺懲論，第三策為援兵赴臺以虛張聲勢。他認為現已失去撤兵的機會，只是虛張聲勢是下策，只有第二策是其主張的政策。〔註8〕於是政府決定日本在萬不得已時，不惜對中國宣戰，貫徹日本為「正義」發動「征臺」的立場。〔註9〕

日本在收到柳原彙報與潘蔚的交涉情況後，身為蕃地事務局長官的大隈要求柳原絲毫不可改變原計劃，堅持對中國外交的強硬姿態，爭取成功佔領臺灣領土，因此，他於明治七年（1874年）7月5日，致書柳原，對其下一步工作下達指示：「想必閣下已與赤松少將、福島領事見面。故請私下透漏即將如何與北京政府議論且如何洞察福建、直隸兩都督之心計。此實為盤根錯節不容易之重任，即閣下之為不為關係到國家之盛衰，故請盡量仔細考量。不過談判之際盡量強硬主張正論，並須注意不可因彼多辨而有所動搖。請貫徹內救之聖旨，尤其朝議一旦決定，應絲毫不變更最初之約定。正院或外務省將於下次信函再行通知，在此暫且略言其大意。」〔註10〕

為了增加外交主動權，日本內閣於7月7日通過了《宣戰發令順序條目》：

宣戰決定時，以詔書公佈，明白解釋其宗旨。

以宣戰宗旨正式通告各國公使。

對我國駐紮在海外的公使、領事等，也同樣通知。

對各地方官，另發特別訓令，加強其對士族的管理監督。

關於我國駐華公使、領事等的撤退，及我國僑民等的去留事宜。

可速宣詔西鄉大將（隆盛）、木戶三位（孝允）及阪垣四位（退助）入京。

〔註7〕　（日）春畝公追送會：《伊藤博文伝》上卷，1940年，第865～866頁。
〔註8〕　（日）德富豚一郎：《公爵山縣有朋伝》中卷，東京山縣有朋記念事業會，1932年，第357～359頁。
〔註9〕　（日）大久保利通：《大久保利通日記》下卷，第286頁。
〔註10〕　（日）《大隈長官ヨリ柳原公使ヘ潘イ接待後少シク馴熟云々復柬》，JCAHR：A03031130000。

特別設置軍用郵政、電訊。

由天皇陛下親任大元帥，統率六軍，在大阪設大本營。

在親王大臣中，選任先鋒大總督，徑進軍長崎。

決定進軍主要條例，授予陸海軍大參謀。

戰略事項，自當屬大參謀籌策範圍以內之事，但其關鍵要節，可與內閣協議後爲之。

決定先鋒大總督對軍事方面須經奏聞項目，及受委任可專斷項目。

船舶、槍炮、彈藥、糧食，及其他一切軍用器材等，可由陸海軍兩省準備。

決定進軍的海路、陸路及攻守地區。

預擬籌集軍費途徑，及其金額概算。

各官廳中，除緊急事項外，一切耗費可完全中止。〔註11〕

7月9日，三條實美給陸海兩卿密令，下達了日本政府對臺灣番地最高指示：

臺灣兇暴殘忍，絕無人性，不獨我民遭其毒手，萬國所見相同，爲天人共憤。清國既已接壤，何以旁觀而不問？豈恐其強悍而讓其放肆？甚至託言於不易俗之古言。因此，我皇帝陛下遂派都督親臨其地，問其罪。此乃爲保護我民之義務，爲匹夫匹婦報仇，爲東洋航海者除此一害，以嘉惠萬國人民。故不厭花費資財，而終於從事於茲。現剿撫既已得其所，全番皆已歸順我方。清國政府一向視該地爲化外而不理，不可稱之爲其所屬地乃無庸置疑之事，今日佔領此地、可教化此人之權，究竟屬於何人？我日本政府基於大義不得不出面承擔。即設官、置兵、施政、制刑法等皆是不得已之義務，此絕非爲貪圖其地利與其人民也。制定使蕃民不再猖狂之法爲日本政府既定之志向。因此，若清國政府爲鞏固其疆域，而對於我在此地而存有危懼不安之情時，則我將其地全部奉還亦毫不足惜。僅在意於將來如何處分而已。即如潘霨照會書中所云，設營汛、派兵船、建望樓燈塔，以戒不虞，充實通航之利，以期待可替代我日本政府之義務者。至今日以前，清國政府於其接壤之地，怠於教化人民日

〔註11〕 （日）《對支回顧錄》卷上，第79頁。

義務，故我日本政府不得已而予以剿撫懷柔，對於我日本政府所糜
費之財貨、所折損之人命，清國政府亦應給予相當之賠償。〔註12〕

　　從三條實美的指令分析，日本似乎認為自己代表人類的正義之師，出兵
只因臺灣番民殺害漂流民，而將其要釐清「中琉」關係併吞琉球的野心以「義
民」的方式掩蓋，在沒有絕對軍事取勝的前提下，不求土地的實際佔領而是
要求賠償。

　　日本鑒於國際上的反對，清政府強烈的質疑及軍事準備的加強，西鄉軍
隊又因不適應當地氣候，因病患導致損員巨大，也讓日本經營臺灣的信心產
生動搖，同時國內軍事和財政上也面臨困難，日本今後試圖維持出兵的名義
也受到質疑。所以，所謂的不得已就是「義舉」主張如果得不到承認，就要
以軍事為後盾保住此次行動的最底線。即以義舉為理由，要求中國賠償，以
賠償來換取日本的撤兵。為達此目的柳原仍採用番地無主論調，實施強硬外
交對付中國，迫使中國為了恢復領土主權，不得不賠償軍費了事。

　　7月11日，日本政府決定派老練的外交官田邊太一赴中國，支持柳原展
開強硬外交。〔註13〕三條實美還下達了「與清官談判應注意事項」，就日清之
間的談判給予指示：

　　　　一、與清國委員談判蕃地處分事宜時，皆應依照附件要領，不
可有絲毫曲撓之處，且要盡力促使談判達成，不可無故拖延立約蓋
章之期。

　　　　二、談判之要領雖在於獲得償金後讓與所攻取之地，但一開始
不可露出欲索償金之情，此為想要由我方力掌控每次談判主動權之
故。

　　　　三、談判逐漸涉及償金，而論及其數額時，固然不擬要求額外
金額，但盡量不由我方提出數額，由彼說出時，則電報我政府，請
示其數額若干。

　　　　四、談判之要領為，如滿足我方要求時，應盡速訂約。不過若
已經決定訂約之宗旨時，則應以使者、或書信，通報政府其大略，
獲得答覆後（尤其使用電報），再作決定。

〔註12〕　（日）《三大臣ヨリ柳原公使ヘ兵備調整談判貫通告論並陸海軍御內達案回付
　　　　往柬》，JCAHR：A03031130800。
〔註13〕　（日）《大久保利通日記》下卷，第287頁。

五、前文之條約成立後，正式通知政府時，政府乃著手都督撤其在臺地之軍隊。是故，訂約之日必應迅速以電報預報政府，但撤軍完畢之期限因有不可預測之事，故而應請示之。

六、若獲得潘蔚之正式照會書後，則視為已開啟談判之端緒。先見面辯論，再以書信訴諸文字，以圖得臨機應變之利。但該照會書必以最近船班陳報政府。

七、為與沈、潘對談，即使另派一重要官員似亦無益。仍舊依照最先之談判陣容，可於收到前書正式照會起再開始談判。但其地點應依照雙方方便來選定。

八、謁帝禮畢，稟奏臺地處分事宜，即使有暫時歸京之命，但當地事務如此繁重，勢必暫時擱置談判，而先去謁帝。且此事應迅速談定為要，更何況事情已至不得不如此。因此暫時歸京之事，若非絕對重要者，不一定要拘泥於前約。

九、現派李仙得前往福建地方，令其游說總督等官員，授與周旋勸誘之任。惟恐雙方事情隔閡不通，而必定產生互相參差之處。於是，兩造間應將實地情況常常互相通電，以通聲氣為要。

十、應利用此次機會斷絕琉球為兩國屬地之淵源，開啟朝鮮自新之門戶，此為朝廷之微意，主事者之秘策也。

十一、依命令達意談判，即使萬一兩國不能維持和平友誼，如已盡力注意，其責任不歸於公使，而由政府承擔該責任，當有權衡處理之權，千萬不可為此事而有所顧應。〔註14〕

從以上內容分析來看，三條實美的希望能儘快達成賠償的協定，並就詳細談判事宜進行吩咐。同時也明確說出斷絕琉球的兩屬關係，吞併琉球為要務，也是明治天皇之意。

7月17日，田邊攜帶三條實美的上述指令，與樺山資紀一同出發，23日抵達上海，8月7日，趕到北京，翌日，見到柳原，三人經過交談，決定改變外交政策的方向，為迅速達成談判，可以不必在意中日關係的破裂。〔註15〕

〔註14〕（日）《三大臣ヨリ柳原公使ヘ兵備調整談判貫通告論並陸海軍御内達案回付往束》，JCAHR：A03031130800。

〔註15〕（日）《處蕃提要》後編第一卷，第60～63頁。

　　爲了儘快與清政府達成協定，日本政府再次調用美國人李仙得。1874 年
7 月 2 日，李仙得同大久保參見天皇，對於「蕃地處分」之事進行報告。7 月
21 日，他又被日本政府任命爲「特別辦務使」，派赴福建，與閩浙總督李鶴年、
將軍文煜交涉，並施加一定壓力。試圖通過對地方官的施壓，來支持柳原在
北京的外交攻勢。任命書對李仙得的目標作了說明：

　　　　此次任命李仙得氏爲特別辦務使之職位，使其以日本政府之
　　　名，向清國福建總督李鶴年、將軍文煜等，詳述此次日本政府遣使
　　　至臺灣蕃地，乃因其土人對日本人民施以殘酷無道之舉，故而加以
　　　問罪及施以懲治之處分。並洽談有關日本政府對於此事有所要求，
　　　以下列目的作爲日本欽差與清國政府所派全權談判之基礎。

　　　　第一、清國政府既視臺灣蕃地爲化外，自然爲無主之地，故日
　　　本政府征服之後，該地就有屬於日本之道理。

　　　　第二、日本政府既已於臺灣蕃地有其權力，但若清國政府要此
　　　地時，必須訂定約定，確立方法，以施蠻民而後決，不再對航海之
　　　日本人及外國人施以凶虐無道之行徑。且須對日本政府賠償征服該
　　　地所花之費用。

　　　　第三、對於前兩點意見，均須謹愼表達其意，以使兩國之間不
　　　生齟齬。當然決定之權應屬於日本欽差柳原公使。但談判之情形則
　　　以電報互相通知，於兩者之間切勿發生差錯，且應將該地事情詳報
　　　東京大隈長官。〔註16〕

　　但日本政府對李仙得並不放心，大隈重信曾秘密向西鄉從道發信，請
他對李仙得加以注意，使之言行不妨礙日本與清政府之間的談判：「不過該
人對其素志極爲專斷，是故該員滯留軍營期間，請囑咐凡對於各種事情不
可有不妥當之舉止。不過若有可託付該人之任務時，亦可直接向該人提出。」
〔註17〕

　　7 月 20 日，李仙得會同精通中文的城島謙藏離開東京，21 日，大久保
利通等到橫濱爲他們送行。〔註18〕但李仙得一到廈門，就被美國領事所逮

〔註16〕　（日）《李仙得ヘ特例弁務使ノ御委任狀並訳文》，JCAHR：A03031131100。
〔註17〕　（日）《大隈長官ヨリ西鄉都督ヘ李仙得渡清云々往柬》，JCAHR：A03031131
　　　　　300。
〔註18〕　（日）《大久保利通日記》下卷，第 290 頁。

捕。

對於李仙得被拘捕，日本政府積極回應，太政大臣三條實美及外務大臣寺島宗則親自給美國駐日本公使平安（Bingam John Armor）寫信，對李仙得的身份加以證明：「茲準二等出仕李仙得以特例辦務使之職，委遣清國福建，與福建總督李鶴年，及將軍文煜等，會同商議且要將其現因臺灣生蕃事件所致兩國紛議，務使消除，則須就彼陳述我真意，得使逐悉瞭解便是也。仍令予官印以給此書以證委任。」〔註19〕日本政府更不惜拿出 25000 美元重金將其保出。〔註20〕此中不難窺視出李仙得在日本政府此時對華策略中的重要作用。

二、柳原躲過李鴻章的阻滯

（一）柳原前光的談判策略

柳原前光在上海等待臺灣番地的消息，以便在與清政府談判時獲得主動權。在獲得西鄉大軍已然平定臺灣番地後，覺得赴京談判的信心大增，因為按照他們對國際法的理解，此時可以說實際上控制了臺灣番地，那麼再與清政府交涉談判時，就已經掌握了外交主動權，強逼清政府讓與或承認臺灣番地歸日本所屬也極為可能。柳原自認為地方政府雖也要求日本撤兵，但似乎不太強硬，故柳原決定直接與總理衙門交涉，逼迫清政府最終讓步，承認日本的佔領。

1874 年 7 月 15 日，柳原前光向日本政府報告了赴京的談判計劃，陳述了前往北京談判的理由：

> 由清國賠款一案以及卑職等卑見之概略，已於前次報告陳述在案。然而清國欽差幫辦大臣潘蔚致柳原公使之書信內，修飾於西鄉都督在琅嶠之談判始末，並請求退兵。故公使以都督無談判之權為由，暫覆。隨後都督令池田陸軍上尉、日高陸軍中尉前來告知詳細經過情形。而與潘蔚書信之大意大相齟齬，此判然露出彼企圖以詐術陷害我之手段。其所為實在與大臣之體面不相符，且為前後蠻橫無理之作為。故現由公使姑且詢問其不當之情形，並決定斷然於十

〔註19〕 （日）《美人李仙得同上（平井外務少丞清國へ差遣）附領事ヨリ拘留》，JCAHR：A01000075100。

〔註20〕 （日）《在廈門李仙得ヨリ大隈長官へ拘留之儀請合差出云云來信（8 月 7 日）》，JCAHR：A03030769000。

八日起進京，直接往總理衙門交涉。〔註21〕

此信以潘蔚失信、前後不一爲由，表示要離開上海前往北京，直接與中國中央政府談判。正如前文所述，潘蔚和柳原談判結束後，兩人的言行與對方所說差異較大，但筆者認爲無論是理解問題還是外交計謀所至，中國不會坐視領土被侵犯的態度是不容置疑的，所以在中國自己處理完生番問題後，日本仍不撤兵的話，那就不是爲解決琉球難民問題而來，而是另有他圖了。〔註22〕

他還在信中還附陳了自己的看法：「關於番地談判而頒賜給公使之內敕旨意，雖大義明確，然現在之運作下，公使似乎更有深慮。至今日爲止，與清官交涉時，其常避免對方攻擊之鋒芒，而抱著務必以平穩方式來解決事情之目的。然而以今日之情況來察看清國之實情時，可見彼表面上一直以甘言待我，暗地裏卻招募兵員、籌集槍械，先我而處分其他番地，並採取以其後勢來逼迫我之策略。然而，常以曖昧之談判來徐徐處分之方式，不僅中彼之計策而已，最後造成我兵之疲勞。故認爲應以更正大之公理立刻達到談判之目的爲宜。當然面臨時機之際，緩急之權衡有許多種，畢竟不能貫徹所決定之旨意時，則必然趨於弱勢，甚至失其機括，故希望今暫且確定明晰諭示。」〔註23〕

另外，他們也報告了清政府籌劃臺灣防務的情況，並將中國自己處理生番事件誣衊爲清政府的計策。將自己頑固堅持生番無主的先入之見，美化成是日本堅持公理的行爲。此件文書的最後部分還專門呈上去北京談判的擬案：

> 公使到北京後，首先應盡速請求謁帝，蕃地之事原本就非清國之版圖，故由我來處分是絲毫不須擔心之事，而應顯示出毫無相關之模樣。彼若主張，必須以前次照會之旨意來決定蕃地談判，若不允許謁帝時，我乃辨稱彼此之條理不同，則必可駁斥。若彼仍然拒絕時，則論以限制我使臣事務之罪，因而可告以歸朝，蕃地之事將付之不問。此時彼必須派使臣至我處談判，而此事決非其所好，故

〔註21〕　（日）《赤松參軍福島參謀上海ヨリ大隈長官ヘ柳原公使北京談判ノ擬案云々來東》，JCAHR：A03031131400。

〔註22〕　（日）《赤松參軍福島參謀上海ヨリ大隈長官ヘ柳原公使北京談判ノ擬案云々來東》，JCAHR：A03031131400。

〔註23〕　（日）《赤松參軍福島參謀上海ヨリ大隈長官ヘ柳原公使北京談判ノ擬案云々來東》，JCAHR：A03031131400。

最後必定會允許謁帝。

彼既已允許謁帝，其後及於蕃地談判時，若請求退兵，則可明白表示彼地非貴國之版圖，我兵之進退應完全由我方決定。彼若證明蕃地為彼之版圖時，我亦可舉出蕃地目前之情況及在彼權力外之實證而挫之。若彼仍爭辯而不服時，我可辯稱：去年副島大使派人至總理衙門告知其事時，當時何故默許而不提出任何辯論？且去年美英處分蕃地時，又為何不發一聲異議？

彼必於此時予以曖昧之答覆。此時我告以：我原本就無侵犯他國邊境、掠奪他國土地之意。僅是為我難民而伸張義務，且為斷絕將來之患而進行處分而已。若僅因其為貴國接壤之地，而欲代我處分時，則我可辯稱絲毫無妨。但我於此役所費之軍費及有若干兵員死傷及慰勞其辛苦而花費不少，若貴國為我賠償損失，則我讓於貴國處分亦絲毫無妨。

若仍猶豫不決，則我應可更加盡力處分蕃地，若非彼以兵力妨害我，其則無其他術策可施。若至此，則我辭愈直，戰則勝算多而無憂也。以上皆由我統機栝而投之，應可迅速瞭解。現在各國人民察覺我有優柔寡斷之色，而向清人獻策，有不少圖謀妨害我事者。我若不徐徐謀事，清人遂洞察我情勢，使用各國人之謀略，而至敢與我對抗之地步。且聽說福州、上海之製造所盡全力鑄造大炮炮彈，準備水雷，並招募水兵等事。若今日圖一日之苟安，而遷延此事時，則我將損失甚鉅。關於此點，不可不深察。〔註24〕

在此份計劃中，可謂對接下來的談判預測得非常詳細，準備得相當周密。計劃的理論是「蕃地之事原本就非清國之版圖」，所以「由我來處分是絲毫不須擔心之事」，並且「應顯示出毫無相關之模樣」。以「條理不同」，抗衡和迴避中國照會的理論。堅決主張「我兵之進退應完全由我方決定」。並以副島出使和英美處理番人時，將中國未發現其詭計稱為默許，並要挾如果中國「為我賠償損失，則我讓於貴國處分」。顯而易見日本根本無視各國對臺灣主權的表示，頑固堅持番地無主論，揚言即使中國賠償，也不會承認臺灣歸中國所屬的事實。並且有恃無恐地認為「非彼以兵力妨害我，其則無

〔註24〕　（日）《赤松參軍福島參謀上海ヨリ大隈長官ヘ柳原公使北京談判ノ擬案云々來束》，JCAHR：A03031131400。

其他術策可施」。

（二）柳原前光象徵性的與李鴻章交涉

柳原前光確立了赴京談判的策略，連與李鴻章交涉也成爲多餘，因此柳原與李鴻章（7月24日）交流極爲簡單，就是簡單地走個過場：

問：副島回國怎麼又告退了？

答：與岩倉大臣議事不合。

問：十年來華公使伊達，十二年來華公使副島，回去均即退休，是貴國用人行政無常，抑來華欽差不利？柳原九、十、十一、十二等年同來，官則一年高一年，今作公使，要小心些！該使笑應之。

問：臺灣的兵如今怎麼樣？

答：臺灣地方熱甚，兵士多病，正在休養。

問：已休養幾月了？

又問：你們如何說臺灣生番不是中國地方？

答：係中國政教不到之地，此次發兵前去，也有憑據。

問：你有什麼憑據？

未答：又云：英、美國兵船曾去辦過。

問：兵船在海邊遇盜劫殺，原可上岸拿辦，公法亦是有的。你此次發兵，並非兵船，乃是陸兵，如何擅自過中國地界駐紮？

答：生蕃事情，貴國既不辦理，外國自往辦理，中國可以不理。

問：你何以斷定中國不理？從前累次議約，俱來找我議論，此次竟不先來議論。中國與日本交涉事體，向係我管，難道柳原不知道？你鄭永寧不知道麼？

答：在滬與潘大人會商信函，中堂知道否？

問：見過此信。潘大人到臺灣後，有回信來，如何不肯辦結？

答：前約明潘大人與沈欽差聯銜用印，公文方才算得；今係私函，不便轉呈朝廷。

問：我中國片紙隻字都算憑據，不像你日本反復無信。

答：恐朝廷不信。

問：你既係全權，可自作主，西鄉應聽你話。

答云：西鄉與柳原說不來的。

問：全權大臣，全權二字怎麼講？

答：西鄉係奉日本朝廷命出兵，此次退兵，仍候朝廷旨意，柳原不
能做主，係奉旨來通好的。

問：一面發兵到我境內，一面叫人來通好，口說和好之話，不做和
好之事，除非有兩日本國，一發兵一通好也。

答：此次兵到臺灣，有三件事要辦。

問：你三件事已經辦到了，牡丹等社已被你燒毀劫殺，難道還要怎
樣查辦？我國又要各番社出結以後不准掠殺難民，仍須設官管
理？

答：潘大人四月間與柳原函云，專指牡丹社、卑南社二處，足見辦
事頭緒分明等語，是准我兵去打的。

問：現在不止牡丹社一處，別社亦有被焚殺。

答：此是西鄉派兵去，因查明附近別社有與牡丹社相幫搶劫，以致
一併打了。

問：你三件事已辦了，爲何還不退兵？

答：尚未辦得透徹。

問：現在潘大人已令生番出結，還不算透徹麼？向來各國帶兵大員
，俱歸全權調動。如英法皆有兵船在中國，均要歸其駐京全權
提調，柳原到底有全權否？

答：西鄉帶兵與柳原通好，各是一事，雖有全權，不能作主。

問：日本外務省給總理衙門照覆，說有事與柳原商量，不曾提到西
鄉。

答：兩國有兵爭大事，全權不能自作主。

問：現在我國並未還手，算不得交兵。

答：臺灣生蕃如無主之人一樣，不與中國相干。

問：生番豈算得一國麼？

答：算不得一國，只是野蠻。

問：在我臺灣一島，怎不是我地方？

答：貴國既知生番歷年殺了許多人，爲何不辦？

問：查辦凶首，又難以遲早，你怎知道我不辦？且生番所殺是琉球人，不是日本人，何須日本多事？

答：琉球國王曾有人到日本訴冤。

問：琉球是我屬國，爲何不到中國告訴？

答：當初未換和約時，本國薩峒馬諸侯就打算動兵的。

問：你去年才換和約，今年就起兵來，如此反復，當初何必立約？我從前以君子相待，方請准和約，如何卻與我丟臉？可謂不夠朋友！

答：此言極是，我們亦無法。秘魯聞已議立和約。

問：秘魯議約，副島曾有信託我。看秘魯尚知大義，你日本去年換約，今年就動兵，連秘魯也不如也。我與秘魯議約時，提及日本和約，秘使說日本已派兵到臺灣，其和約可不必看。你國才立和約，便鬧笑話，豈不爲西人所鄙誚？

答：這是不得已人命事情，不能不辦。

問：人命事情，無論是哪一國，殺人就該問抵，必應查辦。但上年副島是全權大臣，在京時，應親自向恭親王、文中堂及我面前說明，何以並未提及臺灣一語？如要動兵，不但要說明白，且應用公文商議。我國若回言不能查辦方可。今日如此辦法，中國文武百官不服，即婦孺亦不服。中國十八省人多，拚命打起來，你日本地小人寡，吃得住否？大丈夫做事，總應光明正大。雖兵行詭道，而兩國用兵，題目總要先說明白。所謂師直爲壯也。

答：副島在總理衙門說過的。

問：那是朝覲未成之先，叫柳原去說的，像是氣話，算不得准。應在准覲之後，兩面說明，方算得准。

答：本國眾議，原擬自己去打，不要告訴中國。副島因既換約，故令柳原向總署說及。

問：未立和約以前，此事或可不必商知。惟日本二百餘年未與中國立約，並無一兵入中國邊界，今甫立和約，而兵臨我境，你對不起我中國，且令我對不起我皇上百姓。若有約各國皆如是，天下豈不大亂了？

答：現在未得潘大人用印公文，一件事都辦不下去。

問：你曉得我說的是眞話是假話？

答：兩面說的都是眞話，怎樣辦法，總等潘大人回信來。

問：中國與日本約事，我是原經手人，總應該在此地辦妥臺事，再進京方有體面。現在我國眾官多不舒服，你進京恐不好看。潘大人想就有回信來，柳原可在此等候。

答：若在此地等候，徒耽擱日子，不如進京一次，自然商量出好辦法來。

問：此事若不明白，你即進京，別的事件都不能辦。不如辦明白，省得中外謠言。

答：一俟潘大人來信，總將此事辦好便了。

問：此事辦好不辦好，均由你去。你既是全權大臣，自然該有主意。

答：在上海時，本要俟潘大人迴文，因本國有電信上諭，催我進京，不敢不遵。只要潘大人信來，轉呈我國，公文不久就回。

問：你總等著此事辦好，方能說別的事。若不辦明白，不能算和好。

答：一面進京方能將事情說明白，寄信到本國，自然有一定辦法，主意已拿定了。

問：此事不辦好，進京也是閒住。

答：帶有國書，明明寫的是眞和好。

問：國書和好是空的，兵到是實的。此種話只好向沈道臺等講，不必與我講。

答：此事總要等潘大人來文，方好寫信與本國商量辦好。

　　問：將在外君命有所不受，既是全權大臣，行止應可自定。此事不
　　　　辦，你口內說和好的話，作事都是不要和好的。

　　答：此次進京，原為真和好，所說不和好的話，不敢領教。

　　問：我說的都是直話，若不進京去，此事辦得倒快些。

　　答：中堂說的話我都領會了，四五日內仍須進京。國家叫我們進京，
　　　　將來無論如何辦法，可無責備，比在此間總要好一點。〔註25〕

　　從上述內容分析來看，柳原仍以清官員所說的生番是「化外」，來堅持番地非中國所屬的主張。而實質上柳原的「化外」即是「無主」的觀點，在邏輯上是斷章取義的謬論。在此之前的美國「羅妹號」事件和各國公使的函件中都已確定臺灣為中國之領土，而柳原卻在這裡刻意將此說成「與此接壤的清國」，意圖明顯，是要以所謂實際佔有為依據，來否定清朝對臺灣的領有權。而將琉球民稱為「我國民」自然是指琉球民，又是本國民因漂流到臺灣番地而被殺害，就可以不必與清政府進行溝通和交涉，「徑直去問罪」，其理由儘管可笑之至，但也頗為周詳，故柳原並不在意與李鴻章的交涉，並認為李有所顧忌才阻止其入京，「李鴻章從來首倡與我國和好，因而受同輩諸臣所嫌疑，尤以認識下官且有素交，故認為其或許有所顧慮而致言詞激烈。」〔註26〕故柳原更不聽從李鴻章的勸阻，直接前往總理衙門進行最後較量，以期達到迫使清政府承認日本出兵為「義舉」的目標。

三、柳原前光與總理衙門的談判

　　柳原前光在天津與李鴻章進行短暫交鋒後，前往北京。到達北京後，柳原派鄭永寧到總署報備到任，請示覲見日期並呈遞照會兩件。第一件是請求呈遞國書，第二件是照覆沈葆楨辦臺事之件。

　　8月3日，柳原收到分別來自總理衙門、沈葆楨、潘蔚的三封來信。總理衙門來信依然和前兩次照會之意相同，稱讚公使駐紮北京，好言款待，但也明言柳原覆文裏講到的征番如和前年的說明吻合，是自己誣衊自己同時也陷害本王大臣等，柳原看後大為不悅。潘沈的書信不僅未像柳原所期待的那樣

〔註25〕　《李文忠公全書》譯署函稿，卷二，第36～39頁。

〔註26〕　（日）《柳原公使天津ヨリ三大臣外務卿ヘ李鴻章ノ激論ヲ明弁云々來東》，
　　　　　JCAHR：A03031132600。

對違約道歉，還責難前約，聲稱第一和第二條已經了結，第三條善後之策由自己辦理，要求日本從速退兵。〔註27〕

柳原在照會中告知清政府日本出兵的三項目標，是日本方面對此次行動的含糊表述。但清政府卻以日本所要求的三項條件均以滿足為據，理直氣壯地要求日本應該撤兵回國，而柳原卻認為這是清政府想利用柳原和西鄉相隔絕，居間施展詭計，並稱如此奸詐實在可惡。〔註28〕於是柳原反駁清政府的撤兵要求，繼續指責中國。此後，柳原如期到總署談判，他先遞一份照會，再次為日本出兵臺灣之事狡辯，照會內容如下：

> 為照覆事，茲我八月三日（同治十三年六月二十一日），因派書記官鄭至貴衙門報本大臣到任，接回貴王大臣同治十三年五月二十九日及六月初九日所發照會，並沈、潘二大臣公文覆函等共四件。查上年我副島大臣在京議覲事，初因禮節不合通例，亟欲束裝謝辭回國，特派本大臣至貴衙門代陳臺灣生蕃之事，是與副島大臣親口相告，原無差別。其時本大臣云，我國屬民即受生蕃枉害，必須派差查辦，意在除凶安良，蕃地不奉貴國政教，畫地自居，我國此行，恐觸貴國嫌疑，故特相告而去等語。夫我國伐一野蠻，本不欲告諸他人之國，然我副島大臣篤念兩國和誼，乃而相告，則帶兵與不帶兵，惟我所欲，貴王大臣當時並無細論，又無異議，於我何所再言。況為特防嫌疑而相告，原無請允查辦之意，又何煩文書往來乎？本大臣信不自誣，敢誣貴大臣哉？來文所稱貴大臣此次來華，如謂修好而來，則現在用兵焚掠中國土地，又將何說等因；本大臣查貴國從前棄蕃地於化外，是屬無主野蕃，故戕害我琉球民五十數名，強奪備中難民衣物，憫不知罪，為一國者殺人償命、捉賊見贓一定之理，何乃置之度外、從未懲治？既無政教，又無法典，焉得列於人國之目濱所以我國視為野蠻，振旅伐之也。

> 前者本大臣在滬，遇潘藩司奉欽旨下閩，承詢此事原委，經本大臣具函細述，並舉西鄉中將奉敕限辦三事告之。一曰捕前殺害我者誅之，二曰抵抗我兵為敵者殺之云云。其潘藩司覆書，則稱第一條、第二條，貴大臣專指牡丹、卑南二社而言，足見辦事頭緒分明

〔註27〕（日）《處蕃趣旨書》，第 158 頁。
〔註28〕（日）《處蕃趣旨書》，第 158 頁。

等語，是無異議。至本大臣責在保固兩國睦誼，凡於該處事宜，固
所悉心辦理，豈敢姑以好言款貴國也？合應再行照覆，希貴王大臣
幸諒察焉。〔註29〕

　　總署接見柳原時，先責以「臺灣生番係中國地方，兩國修好條規，大書
兩國所屬邦土，不相逾越，本日照會所稱無主野番，殊爲無禮」，再詢問柳原
「副島來京時並未與中國商明，何以捏稱中國允許日本自行辦理」。因爲柳原
去年隨副島來華，無可推諉，只有承認「總署從無允許之處」。是日柳原又交
到國書副本，請將請覲事早辦。總署大臣答以事有秩序拒之（意即先辦妥臺
事再談請覲）。恭親王覆詰以：「沈、潘大臣聯銜照會已到，所謂辦法安在？」
柳原則謂：「於在滬面議不符，疑難辦法」。並於 10 日函覆沈葆楨謂：「現已
到京，臺事只應與總署大臣從善面議」。〔註30〕

　　總署又照會柳原，重申「臺灣生番均立郡縣，向收番餉，且分別建立社
學等，載之臺灣府志。番社爲中國地方，鑿鑿可靠，即云生番野蠻，亦係中
國野蠻，即有罪應辦，亦應由中國辦。」〔註31〕並且函告柳原已將此事往來
照會，抄至各國使臣查照，以期達到輿論制裁的效果。例如美副使威廉士照
覆總署曰：茲準貴親王照會內開《日本國派兵往赴臺灣生番地方及抄錄往來
照會、信件並補來信函內約有三事始末》緣由等因前來，本大臣具悉。茲於
此事承準貴親王照知本大臣，實深感謝。然不知此事近來辦理如何？既經沈
大臣及潘藩司會同查辦，想當悉合機宜，自能妥善秉公辦理也。〔註32〕

　　柳原以英美出兵未受阻止爲由，佐證日本出兵的合理性，並指責中國長
期拖延船難事件，因爲柳原的說辭過於牽強，理所當然地遭到了中國官員的
駁斥：

　　　柳原說：「日本遣外大臣田邊太一前來候信，臺灣之事，請商如何定
　　　　　　見辦法」。雙方未能就此深入商榷。柳原以英美軍艦作比，
　　　　　　質問總署大臣：「英、美兩國兵艦曾到臺灣，中國何不阻

〔註29〕臺灣銀行經濟研究室編印：《同治甲戌日兵侵臺始末》第一冊，臺灣文獻叢刊
　　　　第三十八種，第 105～106 頁。
〔註30〕《美副使威廉士照覆總署關於中日辯論臺灣番地事》，《臺灣對外關係史料》，
　　　　臺灣銀行經濟研究室編印，第 98 頁。
〔註31〕《籌辦夷務始末》同治朝，卷九十六，第 28 頁。
〔註32〕《美副使威廉士照覆總署關於中日辯論臺灣番地事》，《臺灣對外關係史料》，
　　　　第 98 頁。

止？」總署大臣駁斥道：「英、美兩國之事，與日本所爲
不同，均有案可稽。」

柳原説：「琉球之事，日本應爲辦理，況有本國人受污，如中國遲至
三年、四年不辦，日本豈能聽之。」

總署大臣曰：「琉球之事，應由該國王清理，且日本人受污之事，係
何年何月？」

柳原説：「副島由華回國知其事，始決意辦理」。總署大臣説：既以
副島回國始知，何謂三年、四年不辦？且又無照會聲明案
由，中國何憑辦理？

最後總署大臣説道：彼此辯論無益，既問如何定見，當思了結辦法。
〔註33〕

8月13日，柳原公使收到了總理大臣發來的照會：

臺灣各番社是本國的境地，臺灣府志上對此均有記載。貴大臣
前次照會上大書臺灣全地屬本國已經很久了，此次照會中又聲稱生
番即是無主之地，説法變化太快了。上次潘蔚在上海與貴大臣面談
後的答覆書，和抵臺與西鄉談判後的言詞是有點不同。又稱：貴大
臣給沈、潘的書信中寫著保存和好。但柳原的心中屢屢指責潘蔚前
後反復無常。讓我們難以作答。〔註34〕

同日，總理衙門大臣董恂等七人來柳原公使住所答禮。柳原公使、鄭書
記官及外務省四等出仕田邊太一、廈門領事福島九成參加會見。會談時清國
大臣強調，生番的歸化成爲屬地之事在臺灣府志上已寫明，府志不是今天才
製造的，傳承已經很久了，後世必須以此爲據，這是天下的常理。貴國怎能
不遵守呢？像備中州遇難船民那樣，性命沒喪在卑南，不是被陳安生所救嗎？
而且修好條規第一條已明文規定，副島大使也曾經承認的，但是貴國卻不承
認屬地歸我國的事實而實施征番之舉。現在以府志爲憑，自己應承認錯誤。
但是雙方只熱衷於辯論，那麼事情的結果將遙遙無期。期望雙方早點作個結
論。〔註35〕

〔註33〕 《同治甲戌日兵侵臺始末》第一冊，臺灣銀行經濟研究室編印，第100頁。
〔註34〕 （日）《處蕃趣旨書（明治八年一月蕃地事務局編）正》，JCAHR：A03023016
400。
〔註35〕 （日）《處蕃趣旨書（明治八年一月蕃地事務局編）正》，JCAHR：A03023016
400。

　　清政府官員用歷史和府志的記載證明中國對番地的屬權，並認為日本前外務卿，也曾表明遵守各自國土的主權，因此日本應該承認此次否定番地所屬的錯誤，以此解決此次外交衝突。但柳原卻提出自己的所謂證據：

> 據我國官員所說，曾經在外務省問過備中州的遇難船民，他們漂到卑南，蕃人蜂擁而至，把他們的衣物和船上的東西都搶去，持刀要殺他們，遇到有人救助才幸免於難。後來他們投奔了陳安生，沒有來得及陳說搶劫之罪。當初如果沒有人救助的話，難民必將都會成為魚肉。先前我軍隊到達琅嶠時，欲借用營地。曾經向土人詢問過，他們答道，此地係由土人開墾耕作，不歸他人所屬。其中也有將地租交給蕃人，進行耕作的人。這是不屬於貴國的證據。風港離我軍營很遠，曾有數名酋長來我營中傾訴。他們經常遭受生蕃的侵襲，希望王師來剿滅生蕃，他們將提供各種軍需和服務。大概是有苦無處傾訴的百姓看到王師來到，高興地來投奔吧。各蕃的訴訟經過四十年也沒有停止，多次鬥毆，好像一直沒有審定其曲直。他們來到西鄉的軍營，請求為其做出裁決。貴國如認為此地是自己的屬地，為何不聞不問生殺這樣的大事呢？〔註36〕

日本使者列舉出中國對番地管轄的種種懈怠，以此證明即使歷史上和府志上有所記載，日本也不承認現在此地歸中國所屬的事實，他們相信的是西方的新方式，「況且如果按照本國的記述，府志可以信賴的話，我國書中也記載著三百年前我國人在此居住的事情，貴國相信嗎？近年西洋的書中記載著獨立的野番，我們認為可以以此為證。」〔註37〕接下來還以番地非中國所屬為前提，不承認此次行動是侵略行為，「條規兩國自當切實遵守，但不能這樣地相比來加以證明。假設我軍隊侵擾廈門島，那才像貴國所說的是侵略行為。然而野蠻之地與此有何關聯呢？我們只希望捨棄小節，關注大體。我國的本意是仗義討伐野蠻，與其他無關。貴國把番地當作屬地實在是難以確信」。〔註38〕最後還是咄咄逼人的要求中國政府儘早做出答覆。「不知貴國打算如何處

〔註36〕　（日）《處蕃趣旨書（明治八年一月蕃地事務局編）正》，JCAHR：A03023016
　　　　400。
〔註37〕　（日）《處蕃趣旨書（明治八年一月蕃地事務局編）正》，JCAHR：A03023016
　　　　400。
〔註38〕　（日）《處蕃趣旨書（明治八年一月蕃地事務局編）正》，JCAHR：A03023016
　　　　400。

理。本國準備十七日前往貴署，聽候貴國處理的答覆。」〔註39〕

8月15日，柳原再次給總理衙門修書兩封，繼續攻擊中國論辯的不充分，證據的不可信，其內容是：「現摘取貴王大臣的前次書信的病句，措辭前後矛盾的不可勝數。本大臣認為蕃地不屬於貴國的理由是，自從來上海以來每次與貴方互換的文書。還有本大臣前兩次的照會和潘的文稿比照，可以作為憑證。據潘和西鄉的商談筆記，也足見其謬誤。蕃地確實是貴國的屬地嗎？為何去年特意告知時不明確地反對呢？我國命令將帥懲辦、蕃人已經懾服時，才開始說不行，這已經來不及了。將帥一旦奉旨，大兵豈能空手而歸。請明示貴國現在將如何處理，我也可以從速彙報我政府。前日已經和貴王大臣等會面了，得到回話了，如果再有特別需要的照覆，請把意見彙集起來拿出最後的主張。」〔註40〕

8月17日，在總理衙門，柳原公使和恭親王等會見，中國官員說：「伐番之舉與兩國和戰無關。兩國自古就是同文的鄰邦，唇齒相連，因此應該共同抵禦外侮保全和好。本大臣和貴大臣相交已經很久了，現在請聽一下我的肺腑之言。兩國間已經數次交換公文書函，盡圍繞一些枝節的問題糾纏不休，兩國應該基於友好原則，避開外國的影響，各自籌劃出好的辦法來。如果能夠形成書面文件，兩國沒有勝敗之分，對雙方都有利，如果明確此道理就未必一定要辯論了。今天我國和貴國不能不對此做出了結，貴國和本國不能不做出了結。兩國都想了結就是為了友好。雖然貴國認為伐番是義務，但本大臣和數字同僚及其他各大臣卻難以馬上做出回復。」〔註41〕

19日柳原突然致函總署：

> 昨本大臣特奉本朝來諭云，夫我伐蕃義舉，非惡其人，非貪其地，務為保恤己民起見，並以惠及他國為利，所以不憚巨費，漸次綏撫，設官施政，道德齊禮，一歸風化。否則野性難移，復蹈禽獸相食之行，使我此役終屬徒勞無效。故我在事員弁，仰體此旨，不避艱險，誓死奉行，樂觀其盛。茲聞清國以生蕃為屬地，言論不置，

〔註39〕（日）《處蕃趣旨書（明治八年一月蕃地事務局編）正》，JCAHR：A03023016400。

〔註40〕（日）《處蕃趣旨書（明治八年一月蕃地事務局編）正》，JCAHR：A03023016400。

〔註41〕（日）《處蕃趣旨書（明治八年一月蕃地事務局編）正》，JCAHR：A03023016400。

然此義務，既誓我民，爰發我師，爲天下所共知，事在必行，刻不可忽。著該公使即向該國政府，以明本朝心迹，並請覆文繳回等因。奉此，經本大臣於十五日（同治十三年七月初四日）備文陳請在案。況且風聞貴國中外，物議洶洶，備糧聚兵等語。原夫兵兇器、戰死地，誰敢樂爲？而以伐一野蠻，致失鄰好，殊爲惋惜。語云：色斯舉亦，翔而後集，只遵本國功令，不敢耽誤，力請貴王大臣仍速查照十五日文，決定裁覆而已。俯冀函到，期以三日，即給明決迴文。如過三日，不見裁覆，萬不得已，發回差員，應在本國斷爲貴國朝廷並異議，此本大臣今日之公事也。

回憶五載奉使，渥承貴王大臣優待，克尋盟好，上當此任。幸蒙猶以同病相憐、卻酒論藥爲喻，如獲再剖一層熱腸，即將貴國別有何等施設方法，指明後局，使本國此役不屬徒勞，可令下得了場，以固睦誼，是本大臣肺腑之望。〔註42〕

總署回函對其再次加以斥責：

茲查來函所云，非惡其人，非貪其地，務以保恤己民起見，並以惠及他國爲利，本衙門查生番所居係中國輿地，中國現在辦理，一經辦理妥協，自然利及他國。是以從前因外國有遭風被害情事，即經創立章程，以期漸次整理妥善，俾中外獲益。又來函所云，漸次撫綏，設官施政，本衙門查生番所居既屬中國輿地，自應由中國撫綏施政。又來函所云，誓眾發師，爲天下所共知，本衙門查此件是非曲直，本爲天下所共知。自東師涉吾土地，中國並未一矢加遺，亦爲天下所共知。以上所及，明知來函所稱，係貴國起先用意，並非貴大臣此時之意。既言及此，不能不一爲剖明。

又來函所云，以中國備糧聚兵，示及兵兇戰危之意。本衙門查中國向以黷武爲戒，苟非爲人逼迫，萬不得已，斷不首禍。至來函下問有何設施方法，指明後局，使此役不屬徒勞，可令下場，並屬決定裁覆。本衙門查現在下場辦法，自應還問貴國，緣兵事之端非中國發之，由貴國發之也。若欲中國決定裁覆。則曰臺灣生番確是中國地方。若問後局方法，則曰唯有貴國退兵後，由中國妥爲查辦，

〔註42〕《同治甲戌日兵侵臺始末》第一冊，第110～111頁。

查辦既妥，各國皆有利益。況中國既不深求，而貴國所云恤民之心
已白，並不徒勞，足可下場。至來函屬本王大臣仍速查照十五日文，
決定裁覆，期以三日，即給明決回文，如過三日不見裁覆，斷為貴
國朝廷並無異議等語，與前日面談情形不合，且彼此辦事從無不見
裁覆，即斷為並無異議之理。至限日回文，豈可謂平？仍請貴大臣
酌之。〔註43〕

8月22日，總理衙門大臣再次給柳原公使兩封書信，主要內容是：生番
居住的地方和中國疆域相關。中國現在辦妥，有利於他國。即使以前有外國
人漂到此處遇害的事情，期望訂立章程來加以整理。貴國如能退兵，未來的
設施中國自己將會設置。況且貴國所說恤民之心，本國已經明瞭。〔註44〕

從上兩封信的內容來分析，中國為了讓日本撤兵，可謂是步步退讓，鑒
於日本雖然在三項目標都已完成後，仍不肯退兵的情況，中國允諾對保護遇
難船民增加設置。以大皇帝撫恤弱者的姿態，表明已經接受了此項要求。但
柳原的目標並非如此，他們想要的是清政府承認日本對番地的佔領，最低也
要承認日本出兵是義舉行為。

同月24日，柳原照覆明確表明此意：「貴衙門的陳詞不過如此，雖然辯
論數次依然沒有進展。現特說明，我國行使自主之權，討伐無主野蕃，無須
他國說三道四。現在採取撫恤國民惠及外國的做法，並將其貫徹到底。逐漸
綏撫蕃地，使之歸化我文明。這是我政府決議進行的工作，也是本大臣遵守
的命令。」〔註45〕

26日，總理衙門再次照會給柳原公使，不厭其煩地陳述自己的道理，試
圖改變柳原蠻橫固執的行為。照會中說道：「生番隸屬臺灣版圖，確實是本國
的地方，不能視作無主野番，像歸化綏撫這樣的事情，是本國自主之權利，
無須討論。」〔註46〕

柳原見此再次回函云：「前本大臣所以去貴署者，因我政府征伐野蠻，貴

〔註43〕 《同治甲戌日兵侵臺始末》第一冊，第111～112頁。
〔註44〕 （日）《處蕃趣旨書（明治八年一月蕃地事務局編）正》，JCAHR：A03023016
400。
〔註45〕 （日）《處蕃趣旨書（明治八年一月蕃地事務局編）正》，JCAHR：A03023016
400。
〔註46〕 （日）《處蕃趣旨書（明治八年一月蕃地事務局編）正》，JCAHR：A03023016
400。

國議論不置，本國功令又緊，故本大臣特欲請定貴國究竟如何之處。……茲特所告明者，我國既仗自主之權，伐一無主之野蠻，奚容他國物議？今舉恤內惠外之義，誠宜始終貫徹其功，故必漸次撫綏，歸我風化，是我政府決意所行，而本大臣所體持也。」〔註 47〕柳原企圖以日本佔領番地的現實相要挾，於 8 月 30 日向總署提出：「日本兵在蕃界不退，中國應如何辦法？」〔註 48〕的強硬問題。

總署大臣回應道：「本大臣以此語問得甚奇……然則我中國如何報命之處，已久在貴國暨貴大臣熟思審計中矣。今日何須再問。……是以奉權貴大臣從此不可再以不和好之言相迫，本大臣更不便以不和好之言相答。並再告知貴大臣，將來無論何時何人與本衙門相周旋，均執此心此說無異也。」〔註 49〕

總署的回答表明清政府最後的態度，但柳原態度也十分強硬，不肯做出任何讓步。所以，柳原與總理衙門之間的交涉，也無法再進行下去。柳原面對交涉未有進展的情況，開始注意到武力解決的可能性，同時也對中國加強臺灣防務十分留意，並開始調查清政府的船隻數量。〔註 50〕另外，柳原聞知清政府正在大舉招兵，征集前年平定國內叛亂有功的武將，向南方派遣，應援臺灣的守軍，故也十分憂心。恰好此時大久保利通將要赴清，柳原急忙派人出迎，準備與其商量今後和清國談判的謀略，同時命令吉田海軍大尉返回國內，陳述兩國談判局勢已經非常緊迫，清國備軍非常急速的實況，以利我軍不失去戰機。〔註 51〕

小結

綜上所述，柳原前光繞開李鴻章與總理衙門直接交涉的目的，就是試圖以日軍已經征服並佔領番地的事實，以番地無主的說辭，從而達到長期佔領的目的，最低也要要求清政府承認日本出兵為義舉。而清政府方面雖表示可

〔註 47〕　《同治甲戌日兵侵臺始末》第一冊，第 112～113 頁。
〔註 48〕　《同治甲戌日兵侵臺始末》第一冊，第 113 頁。
〔註 49〕　《同治甲戌日兵侵臺始末》第一冊，第 113 頁。
〔註 50〕　（日）《品川領事ヨリ大隈長官寺島外務卿へ商招局所有船取調二付來柬》，JCAHR：A03031134500。
〔註 51〕　（日）《處蕃趣旨書（明治八年一月蕃地事務局編）正》，JCAHR：A03023016400。

能退讓，但也從歷史和地理等方面，提出確鑿證據證明中國對臺灣東部番地擁有主權，並對日本未事先言明而擅自出兵的行為表示強烈抗議，最終雙方談判到了無可溝通的地步。

第十二章 強大的軍事毀於「以夷制夷」的外交策略

　　自從日本出兵以來，清政府各級官員不斷與日本使臣和都督談判，他們逐漸體會到促使日軍撤退並非易事。而西鄉從道率大軍攻打牡丹、高士佛等番社後，在龜山等地蓋營房，建立「都督府」，實行屯田、植林，準備長久佔據。清政府雖沒有清楚地認識到日本要釐清「中琉」，以便吞併琉球的目的，但已經知道日本欲長久佔領臺灣番地，以達到殖民臺灣番地及臺灣全島的野心，而日本即使不能實現這一目的，也恐怕不會空手而歸，為了防備日軍繼續擴大佔領和迫其撤兵，清政府決定加強臺灣當地的軍備，以軍事威懾來向日本施壓，以便使日本儘早退兵。

一、中國的防務準備和軍事威懾

　　獲知日本已經出兵後，清政府一邊發出正式照會，要求日本馬上撤出臺灣番地，另一方面，於 5 月 29 日清帝急命船政大臣沈葆楨為欽差辦理臺灣等處海防兼理各國事務大臣，並可節制福建道及沿海各省兵輪，迅速赴臺巡視。〔註 1〕

　　沈葆楨領旨後，於 1874 年 6 月初上疏朝廷，提出驅日保臺四條建議：聯外交、儲利器、儲人才、通消息，他主要想借助國際輿論逼迫日軍退兵，同時做好戰備以為後盾。他在《致李子和制軍》裏就直說：「日本若得志於生番，必席勝勢，以凌百姓，圖據其地，遂開釁端；若挫於生番必藉口百姓

〔註 1〕 臺灣銀行經濟研究室編：《同治甲戌日兵侵臺始末》，第 6～7 頁。

通番，捕風捉影，橫生枝節，釁端也不得不開"，因此，"如脅我以非理，立即奮勇拒敵，不以開釁罪之……」〔註2〕由此可以看出，沈葆楨對日本借機滋事以圖吞併臺灣的野心已有充分的認識，並做好了軍事鬥爭的思想準備。爲了在軍事上對日形成威懾，李鴻章也向沈葆楨做出指示：「即添兵勇，只在本境紮營操練，其氣已吞敵人；而仍日與議和，以懈其志，彼斷不可久持矣」。〔註3〕

同年6月14日，沈葆楨率水師從馬尾動身赴臺。在詳細調研了臺灣軍事防務與民情之後，他發展了在福州設計的驅日保臺方案，決定採取「以戰止戰」的政治談判與軍事威懾、島內設防與請兵大陸、固結民心與開山撫番「三結合」的鬥爭策略。

日軍登陸臺灣島前，清政府在臺灣的防務確實較爲空虛。1869年裁汰的軍隊定額爲：總兵1名、副將3名、參將4名、游擊4名、都司9名、守備10名、千總17名、把總41名、外委56名、馬兵70名、戰兵3146名、守兵4488名，共計7849名。〔註4〕這樣少的兵員，應付平時臺灣全島的管理已經捉襟見肘，根本不足以抵抗外敵的武力侵略。

鑒於日軍試圖擴大佔領範圍到臺灣南北的全部番地，所以沈對南北兩路加緊統籌戒備。南路方面，他派臺灣鎮張其光爲專任，並奏請南北洋大臣借撥洋槍隊：「臣等竊思，倭奴雖有悔心，然窺我軍械之不精，營頭之不厚，貪鷙之念，積久難消。退兵不甘，因求貼費。貼費不允，必求通商。此皆萬不可開之端，且有不可勝窮之弊。非益嚴儆備，斷難望轉圜。倘恃其款詞，日延一日，奸民乘隙構煽，必致事敗垂成。班兵情竇性成，募勇訓練無素，擬請於北洋大臣借撥久練洋槍隊三千，於南洋大臣借撥久練洋槍隊二千。如蒙諭旨，請飭其雇坐輪船來臺，乃有剿敵之軍，以爲各營表率。」〔註5〕北路派臺灣道夏獻綸爲專任，並請李鶴年令提督羅大春迅速渡臺援助，還奏請調任一些人才，前南澳鎮總兵吳光亮、浙江補道劉敖、前署臺灣鎮曾元福、前臺灣道黎兆堂等皆在其列。〔註6〕

李鴻章見沈葆楨南北兩路分兵佈防，擔心兵力不足，另行推薦記名提督

〔註2〕《沈文肅公牘》（一），抄本"致李子和制軍。

〔註3〕李鴻章：《李文忠公全集》，朋僚函稿，卷十四，第11～12頁。

〔註4〕《同治籌夷》，第95卷。

〔註5〕《籌辦夷務始末》同治朝，卷九五，第3～5頁。

〔註6〕文慶等奉敕纂：《籌辦夷務始末》卷九五，第6頁。

唐定奎統率的徐州武毅銘軍，步隊十三營，合計六千五百人，分批航運赴臺，〔註7〕並陸續在鳳山縣旗後上岸。〔註8〕這支部隊屬於淮系劉銘傳摩下，歷經圍剿太平天國、撚亂、整體戰鬥力被評價頗高。來臺後各部不乏有躍躍欲試、一戰驅敵以立大功的想法。〔註9〕

日軍雖經逐次增兵，士兵的總數也只不過 5990 人左右（不含海軍艦艇兵）。〔註10〕為了加強沿海防務，中國政府還擬調駐陝西記名臬司劉盛藻，統率陝防武毅銘軍馬步二十二營，從山東濟寧及江南徐州一帶，擇要駐扼，以備南北海口策應。〔註11〕

北路因為日本人離去漸漸安定下來，但南路卻因日軍佔領而形成兩軍對抗的狀態。沈葆楨命令游擊王開俊由東港帶兵進駐枋僚，以總兵戴德祥一營由鳳山墦駐東港。並且為阻止日軍進入卑南，派同知到卑南招來頭目陳安生，〔註12〕命其率領兵勇開關經牡丹社北面山區通往卑南的道路，副將李光勇帶三哨進駐雙溪口，游擊鄭榮帶勇一營駐柴內埔莊。〔註13〕

在鳳山城方面，雇用煙臺稅務司薄朗，一方面招募士勇，另一方面獎勵鄉團。〔註14〕8 月 25 日開始，淮軍陸續抵達鳳山。〔註15〕沈葆楨以這些雄厚兵力為後端，在南北兩路同時進行「開山撫番」的工作，促使日軍因為難以繼續佔領，而不得不撤兵回國。

清政府的軍隊雖未對日軍主動開戰，但也在緊急加強戰備，在澎湖諸島間築炮臺，在臺灣和廈門之間架設海底電線，向德國購買新式洋槍，調淮軍及水師赴臺，並擬定要購買丹麥的鐵甲船，聲勢頗大。

此後，幫辦臺灣事宜福建布政使潘蔚偕重新啟用的前署臺灣鎮總兵曾元福，在鳳山募土勇 500 名，命名「安撫軍」，「交薄朗練成洋槍隊」〔註16〕；

〔註 7〕　文慶等奉敕纂：《籌辦夷務始末》卷九五，第 10～11 頁。
〔註 8〕　洪安全主編：《清宮月摺檔臺灣史料》（2），第 1630～1636 頁；沈葆禎：《沈文肅公片牘》，第 497～500 頁。
〔註 9〕　諸家：《海濱大事記》，臺灣銀行經濟研究室 1965 年版，第 91～95 頁。
〔註 10〕　藤井志津枝：《近代中日關係史源起：1871～74 年臺灣事件》，第 192 頁。
〔註 11〕　文慶等奉敕纂：《籌辦夷務始末》卷九五，第 11～12 頁。
〔註 12〕　文慶等奉敕纂：《籌辦夷務始末》卷九三，第 25 頁。
〔註 13〕　文慶等奉敕纂：《籌辦夷務始末》卷九八，第 1～3 頁。
〔註 14〕　文慶等奉敕纂：《籌辦夷務始末》卷九三，第 25 頁。
〔註 15〕　文慶等奉敕纂：《籌辦夷務始末》卷九七，第 22～23 頁。
〔註 16〕　《同治籌夷》，第 95 卷。

委員袁聞柝也在鳳山募土勇 500 人，命名「綏靖軍」，「無事以之開路，有事以之護番」〔註 17〕，夏獻綸率部到達南澳後，又派前南澳鎮總兵吳光亮在淡水、噶瑪蘭添募土勇兩個營，命名為「飛虎左營」和「飛虎右營」〔註 18〕。福建陸路提督羅大春，率楚勇親兵 1 哨由廈門到安平，再由安平徒步行軍至南澳，這時由福建泉州調來的楚勇福銳左營已抵達南澳。羅到南澳後，夏獻綸率原帶部勇 1 個營及總兵吳光亮乘輪船到臺灣府城（今臺南市）駐防〔註 19〕。此時，臺灣清軍勇營已增至 9 個營、4600 人。其中，南路 5 個營、北路 3 個營 1 個哨、中路 1 個營。

淮軍是清軍中戰鬥力量最強的部隊，全部用洋槍、習洋操。而唐定奎部的淮軍「本無後膛槍，昨在滬購得士乃得後門槍五百六十枝」〔註 20〕，便開赴臺灣。士乃得槍並非當時最好的槍，「聞英國駐印度之兵及日本兵皆用此物」〔註 21〕。奉沈葆楨之命赴歐洲採購的洋將日意格，於 1874 年夏初買到林明敦後門槍 6000 枝〔註 22〕，這些槍及新式後膛炮被運抵馬尾，準備儘快發給駐臺淮軍〔註 23〕。由此，唐部淮軍的裝備將優於日軍，至少與侵臺日軍中的精銳者旗鼓相當。

當時，淮軍的戰鬥素質決不低於日軍。淮軍將士大多曾應募平吳，「轉鬥直東、齊豫、楚鄂之交」，並西征入陝，「身經百戰」〔註 24〕，連年與太平軍、捻軍打大仗、惡仗，錘鍊得相當剽悍。而日軍的全部作戰經驗不過是象徵性的鳥羽、伏見之戰，西式正規訓練剛剛開始，未必有較強的戰鬥力。

唐部淮軍駐屯地的環境狀況明顯優於侵臺日軍。侵臺日軍在絲毫未得到開發的荒郊琅嶠地區，飽受瘴癘折磨，「疫氣流行，死者日四五人，病者不計其數」〔註 25〕，唐部淮軍屯駐條件要好得多，集結在比較繁華的鳳山、東港，「蓄銳養精，以待朝命」〔註 26〕。為了給淮軍騰出較舒適的地盤，原駐鳳山

〔註 17〕《同治籌夷》，第 96 卷。
〔註 18〕 王元穉輯：《甲戌公牘鈔存》。
〔註 19〕《同治籌夷》，第 97 卷。
〔註 20〕《李文忠公全集》，朋僚函稿，第 14 卷。
〔註 21〕《李文忠公全集》，譯署函稿，第 2 卷。
〔註 22〕《沈文肅公牘》（一）福建師範大學圖書館藏抄本。
〔註 23〕《沈文肅公牘》（一）福建師範大學圖書館藏抄本。
〔註 24〕《沈文肅公政書》，第 5 卷。
〔註 25〕《同治籌夷》，第 98 卷。
〔註 26〕《同治籌夷》，第 97 卷。

的勇營及剛剛到達的粵勇，均被沈葆禎差遣到該縣外圍，駐東港的楚勇福靖前營則被派到臺島北部的蘇澳，留下楚勇福靖左營仍駐守在最艱苦的枋僚前沿，替淮軍警戒〔註 27〕。唐部淮軍還可以全隊出擊，將後路託付給鳳山的 5 個營粵勇，並無後顧之憂；而日軍將因受到袁聞柝的「綏靖軍」和高山人的襲擊而不得不分散兵力，且無城可依託，處於「孤軍援絕，不難盡殲」之海隅。」〔註 28〕

中國的抗敵主力軍隊不僅客觀條件齊備，而且兵士戰前心理準備充分。唐部淮軍士氣高昂，求戰心切。沈葆禎分別對閩省諸大吏說，「淮軍甚精銳，勃勃欲試」，「人人有摩拳擦掌不可遏抑之勢」，「淮軍有滅此朝食之概」，提督唐定奎「沉毅勇驚見乎眉宇，未必肯不戰歸」〔註 29〕。主持保臺抗倭的欽差大臣沈葆禎也始終持不妥協的態度。他向李鴻章表示：「只有率辛苦求一戰之軍民，惟力是視，或者冀得一當，否則裹革而歸，於心慰矣」〔註 30〕。表明沈葆禎的反擊作戰決心非常堅定。

清政府在加強臺灣防務的同時，也增調了沿海相關省份的兵力。直隸海口和長江口歷來都是清軍設防重點。直隸有周盛傳的盛字步隊和唐仁廉的仁字馬隊，合計淮軍馬、步 33 個營〔註 31〕，15,000 餘人。另有精選自綠營的仿湘淮營制的練軍 15,000 餘人。戰略第二線山西省，還有樹字淮軍步隊 6 個營。

江蘇江寧至上海的長江沿線，原有防勇不足 20 個營：受兩江總督節制的有吳長慶部慶字淮軍步隊 8 個營，劉玉龍部淮軍炮隊 1 個營，章合才部合字湘軍 6 個營，分駐江寧、鎮江、揚州等地；另有受江蘇巡撫節制的數營，駐紮在蘇州。日軍侵入臺灣後，朱淮森募得新兵 5 個營。唐定奎奉命離徐州赴臺灣之際，兩江總督決定慶字淮軍添募 4 個營；合字湘軍添募 1 個營；朱淮森新兵添募 1 個營；重新啓用湘軍鮑超的部將前雲南鶴麗鎮總兵宋國永、湘軍李續宜的部將記名提督成大吉、湘軍前貴州威寧鎮總兵萬化林、湘軍記名提督劉啓發，令他們回湖南募兵 7 個營守江南；淮軍記名提督高占彪募 2 個營；蘇淞鎮總兵騰嗣林募 1 個營守崇明島。以上共增募 16 個營，加強沿江各

〔註 27〕　《同治籌夷》，第 98 卷。
〔註 28〕　羅大春：《臺灣海防並開山日記》，第 23 頁。
〔註 29〕　《沈文肅公牘》（一）福建師範大學圖書館藏抄本。
〔註 30〕　《沈文肅公牘》（一）福建師範大學圖書館藏抄本。
〔註 31〕　《李文忠公全集》，奏稿。

處防禦，其中兩個營守吳淞炮臺〔註32〕。安徽防勇凱字、強字等 6 個營也被派到江北浦口等處設防〔註33〕。劉盛藻部銘字淮軍 22 個營也奉命東調，撥步隊 5 個營進駐吳淞（其主力步隊 12 個營、馬隊 5 個營到山東濟寧集結，填補唐定奎離徐後的兵力真空）〔註34〕。長江下游防勇超過 50 個營，足以防範日軍對此地的進攻。

福建原有楚勇福靖中、左、右、前、後等 5 個營，日軍侵臺後，招募 9 個營，共有 14 個營。其中，3 個營赴臺灣府，餘下 11 個營佈防福、廈各口。閩江口是佈防的重點，以確保省城和船政局的安全。為了加強防禦，還從朝廷經制兵綠營萬餘人中「挑練精兵一十二營，仿勇營之制，酌加津貼」〔註35〕，用來擴展閩江口外防禦至周圍沿海，充實廈防，增強泉防。

浙江也在原有的駐防楚勇的基礎上添募新營。其防禦重點在寧波、定海、鎮海一帶。巡撫楊昌濬承認，溫、臺二府防不勝防，只能重點把守乍浦、海門、磐石、狀元橋等處〔註36〕。一旦日軍在浙江南部沿海登陸，前哨陣地難以阻止日軍；陸上折衝，要靠從江寧調來的吳長慶部淮軍 12 個營。但這裡離臺灣很近，中國海軍主力和唐定奎部淮軍 13 個營隨時可能來援。屆時，不可避免地會發生中日兩國海軍主力決戰。

沈葆楨鑒於臺灣管理的鬆懈，給日本出兵臺灣留下了藉口。同時柳原並未前往臺灣，而是直接前往北京，所以自己便無需再進行交涉的事宜。於是在他的指揮和帶領下，開始在臺灣東部開始了一場開山撫番的工作。對生番地區進行治理和開發。羅大春於 8 月 24 日到達蘇澳之後，在臺灣北部和東北部，進行開山劈路、撫番設學，開設行政設施等舉措。經過一番開發，不僅有效抵制了日本以行政不及為藉口吞併的圖謀，而且也奠定了清末時期臺北開發的基礎。南路由沈葆楨親自指揮，開山撫番的行動也大見成效，特別是他的架設電線的計劃得到政府的批准，並令沈葆楨迅速辦理，〔註37〕極大地加速了臺灣東部開發的進程。諸如此類的工作使日軍確實感到繼續佔領的艱難，對日本殖民臺灣東部的計劃起了巨大的牽制作用。

〔註32〕 《同治籌夷》，第 96 卷。
〔註33〕 《同治籌夷》，第 96 卷。
〔註34〕 《李文忠公全集》，朋僚函稿，第 14 卷。
〔註35〕 《籌辦夷務始末（同治朝）》（以下簡稱《同治籌夷》）。
〔註36〕 《同治籌夷》，第 97 卷。
〔註37〕 文慶等奉敕纂：《籌辦夷務始末》卷九四，第 5～7 頁。

二、日本兵源的捉襟見肘及時疫困擾

　　自 1874 年 5 月 6 日首批日軍 270 人在社僚登陸起，至 5 月 22 日日本西鄉從道中將抵達琅嶠止，日本派駐臺島南端的侵略軍「不滿二千」〔註 38〕。軍力部署為，「大浦角者二百餘人，琅嶠者六百餘人，龜山後者千餘人」〔註 39〕。6 月份，曾有一些日本輪船來琅，但主要是向侵略軍運送補給品，增援兵力不多。7 月間，侵臺日軍補充約 250 名。在聽到銘字、武毅字淮軍大隊人馬即將赴臺後，日本於 8 月上旬和中旬緊急調 1000 名援軍入臺。8 月下旬至 11 月上旬，共運來日本士兵和夫役 2100 名，日軍逐次增兵的人數，總數達到 5990 之多（不含海軍艦艇兵）。〔註 40〕但也運回病員 2000 名，半年的侵臺行動，日軍還戰死、病死 560 餘人〔註 41〕。據探報，這些日軍，11 月初的部署為：刺桐腳前哨 30 名軍人；楓港駐紮 600 名軍人和 200 名夫役，充作前軍；從四重溪海口到龜仔角各處，分佈 1500～1600 名軍人和 1000 名夫役，把守佔領區，鎮懾牡丹等 18 莊高山人〔註 42〕。總計，軍人 2200 名，夫役 1200 名，共 3400 人。

　　由於臺灣島遠離日本，如果中日在臺灣發生戰爭，日本不僅需要軍艦運送兵員至臺，而且還可能有海戰發生，所以海軍的軍力是日本能否勝任戰爭的關鍵要素。當時日本海軍可以出戰的有「日進」、「鳳翔」、「明石」、「雲陽」、「孟春」等 5 艘軍艦，但噸位太小，戰鬥力尚不及湄雲級船政小號兵輪。至於「龍壤」、「春日」、「築波」、「富士山」，排水量雖大些，卻是脆弱的明輪艦船。「第一丁卯」、「第二丁卯」不過是 125 噸的巡邏艇〔註 43〕。

　　清政府的海軍遠強於日本海軍。以「揚武」為首的 11 艘船政兵輪，陣容整齊，又有「海東雲」等從外國購來的小兵輪探哨、通信、助威。從軍艦威力上，日本軍艦無法與之較量。以雙方的實力推估，中國與日本若在臺灣開戰，以淮軍的裝備、訓練與士氣，應該是有足夠的勝算擊敗日本軍隊。

　　當時日本尚不具備對外發動戰爭的能力。陸海軍裝備尚未齊備，海軍連運輸士兵的船隻都不夠用，日本出兵臺灣時尚且雇用外國船隻，將外國商船

〔註 38〕王元穉輯：《甲戌公牘鈔存》。
〔註 39〕王元穉輯：《甲戌公牘鈔存》。
〔註 40〕藤井志津枝：《近代中日關係史源起：1871～74 年臺灣事件》，第 192 頁。
〔註 41〕依日學海：《征番紀勳》，載羅大春：《臺灣海防並開山日記》，第 86 頁。
〔註 42〕王元穉輯：《甲戌公牘鈔存》。
〔註 43〕《日本創辦海軍史》，第 23 卷，兵船及諸艦表。

改用作軍艦。日本國內的正規軍嚴重不足，大量採用士族出身的志願兵，又嚴重影響了日本軍制的改革。

日本本來財政就很困難，再加上出兵臺灣造成的巨大軍費開支，可謂困難重重。岩倉具視不得不向宮內卿德大寺實則商討，暫時借用皇宮建築費二十七萬元，彌補「征臺」軍費，卻又遭受伊藤博文等的反對而擱淺，〔註44〕開拓廳主管黑田清隆，不得不從開拓廳撥款十萬元，捐個人薪水四分之三，作爲軍費之用。〔註45〕以上兩方面的問題，使日本難以維持軍隊在臺的後勤和兵員補給，日本此時喪失了再進行軍事行動的能力。

西鄉在臺灣番地並非一帆風順，繼續推進軍事佔領，並實施殖民開發的難度非常巨大。首先是氣候上難以適應，軍隊士兵因不適應當地氣候，染患上當地流行病瘴疾的不在少數，「唯獨可憐者爲渡番士兵中遭賊徒狙擊或死於戰地者，其死傷者如附件調查書，其餘亦有因風土炎熱而罹病致死者，於長崎病院已有四十餘名，尚有近日將由番地送回長崎之患者三百名。」〔註46〕這讓西鄉大爲苦惱，也是日本出兵之前所始料不及的情況，日本政府不得不將傷病員不斷運回國內醫治，並派遣醫師前往救治，不難想像這對於西鄉軍隊的戰鬥力是極大的打擊。另外，牡丹社等還不斷襲擊、騷擾西鄉的軍隊，使軍隊難以安穩駐紮。不僅以上這些難題困擾著西鄉，同時中國軍隊加強防禦的措施，柳原的談判毫無進展，造成西鄉在臺灣的下一步行動無法推進。

其次，爲了保證軍隊的戰鬥力也不得不增派兵員，帶來運輸等巨大問題。這給國力尚不強大的日本很大的壓力。此次征臺，耗費巨大。「雖有敕諭訓示有關此案之費用應盡量節儉。但初次下賜之金額五十萬元已於諸艦從橫濱出發前耗盡。接著撥下洋銀十六萬元、日幣一萬六千元充當船隻購買及修理費用，其餘亦有多額需用，一時之間大藏省墊撥十九萬元，陸軍省亦墊撥十五萬元。此次谷陸軍少將申領各種用費，故再撥下三十五萬元。前後金額實已不少，且此後至結束爲止之費用亦難以估算。」〔註47〕

日本雖然以臺灣番地「無主論」對抗中國，作爲自己出兵的正當理由，

〔註44〕（日）《木戶孝允日記》第三卷，第81頁。

〔註45〕藤井志津枝：《近代中日關係史源起》，第164頁。

〔註46〕（日）《大隈長官ヨリ柳原公使ヘ番地死傷患者ノ略記經費支給ノ概算云々往柬》，JCAHR：A03031130400。

〔註47〕（日）《大隈長官ヨリ柳原公使ヘ番地死傷患者ノ略記經費支給ノ概算云々往柬》，JCAHR：A03031130400。

但是理論難以獲得廣泛共識，特別是難以說服列強。日本出兵之際即遭到列強們的一致反對，在結束對番地的軍事行動後，也無法得到列強們的認可，甚至英國公使還於 8 月 13 日，對柳原進行了恫嚇。〔註48〕如果中日之間不能在短時間內以某種手段解決問題，而使此種狀態持續下去的話，很容易引起列強再度的干涉，對於此時急於在國際上樹立文明形象的日本來說，此種結果是極不情願看到的。

琉球本來就不願改變以往的中琉日之間的關係，這也是一個夾縫中的小國的生存之道，同時也是古代處理東亞國際關係的一種方式。此時的琉球本身，尚未具備改變現狀的能力和想法，即使曾有過懇請日本替琉球出兵問罪的奏文，也是出自日本大山縣參事之手，況且後來琉球還特別向日本請求取消問罪計劃。因爲他們擔心中國誤認爲琉球向日本求援，還會暴露琉球也屬於日本的狀態，深恐中國對琉球採取什麼措施。〔註49〕在日本出兵臺灣東部期間，琉球不但不願意協助日本，反而背著日本仍舊派朝貢使節到福州，〔註50〕仍與中國維持宗屬關係，還以琉球國王名義，向閩浙總督答謝中國保護琉球漂民，並贈銀三百兩給臺灣府官吏。〔註51〕琉球繼續維持與中國的宗屬關係，對日本出兵臺灣的立場產生極大影響，從根本上動搖了日本出兵臺灣的正當性。

三、李鴻章「聯夷」退日的敗筆外交

李鴻章作爲清政府重要外事大員，早在得知日本欲出兵臺灣之時，就開始思考應對的辦法。他向總署提出了對付日本出兵的建議，即敦請美國撤回李仙得等參與日軍行動的美國人及美國籍船隻，迫使日本放棄侵臺，並建議中國必須先發制人，即先派水師船隻到臺灣各港口，如遇日本兵船入境，應即攔阻勿令其進港口上岸。〔註52〕總理衙門採納了李鴻章的建議，他們於當日即照會日本國外務省，詰問日本未經商議及知會而行兵徵發臺灣，並且聲明臺灣爲中國領土，生番乃居住在中國版圖之內。〔註53〕

〔註48〕　（日）《大日本外交文書》第七卷，第 187～188 頁。
〔註49〕　（日）《尚泰侯實錄》，第 204～205 頁。
〔註50〕　（日）《處蕃提要》第四卷（下），第 2～3 頁。
〔註51〕　（日）《處蕃提要》第五卷，第 12 頁。
〔註52〕　李鴻章：《李文忠公全集》譯署函稿卷二，第 26 頁。
〔註53〕　文慶等奉敕纂：《籌辦夷務始末》卷九三，臺北，國風出版社，1974 年版，第 29～30 頁。

　　5 月 17 日，總理衙門又照會美國副使衛廉士，要求照中美條約第一款彼此相助的精神，嚴格禁阻美國人船隨日軍赴臺。〔註54〕經過總署的交涉，美國駐日公使平安於 4 月 18 日宣布局外中立，禁止日本雇用美國人和船隻，衛廉士在 6 月 6 日接受了中國的要求，下令廈門、臺灣等處領事官，禁阻美國人幫助日本。〔註55〕駐廈門美國領事的禁令也於 6 月 16 日宣佈。〔註56〕而此時日本對臺重大軍事行動基本結束，禁令實際並未阻止克沙勒和華生等人的軍事參與。但李鴻章阻止日本出兵的建議雖然高明，但未能阻止日本先發制人發兵佔領策略，所以清政府只好籌劃亡羊補牢的措施，即想方設法地促使日本撤兵。

　　清政府當時解決的方案大約有四種，第一是清政府派出一大員赴日理論，如果日方仍矯強，就讓各國公使來評判；第二，集洋股雇洋人開採番礦，來牽制日本；第三，英國（威妥瑪）的意見，使琅嶠成為通商口岸；第四是李鴻章提出的「撫恤案」。

　　李鴻章認為：「直我平心而論，琉球難民之案，已閱三年，閩省併未認真查辦，無論如何辯駁，中國亦小有不是。萬不得已，或彼因為人命起見，酌議如何撫恤琉球被難人，並念該國兵士遠道艱苦，乞恩犒賞餼牽若干，不拘多寡，不作兵費，俾得踴躍回國。且出自我意，不由彼討價還價，或稍得體，而非城下之盟可以，內不失聖朝包荒之度，外以示羈縻勿絕之心。」〔註57〕

　　清政府內部的主要官員也贊成李鴻章的做法。認為此事應當以外交談判為解決問題的首要方法，至於調兵設防只是為防止日本長期佔領的威懾之法，亦即此次外交交涉中國所要堅持的終極目標只是日本從臺灣撤兵，其餘皆可做出妥協和退讓。奕訢在大久保來華後上奏給皇帝的奏摺中就曾經表示：「謂閩省設防備禦，非必欲與之用武。已函致沈葆楨，只自紮營操練，勿遽開仗尋釁。並飭唐文奎到臺後，進隊不可孟浪。近接沈葆楨來函，亦謂現在兵端未開，澎湖、雞籠口等處，彼以避風為詞，似宜防之，而未宜遽阻止。諸臣意見相同，非欲遽成戰局。」〔註58〕

〔註54〕《中美關係史料（同治朝）》，南港，中央研究院近代史所編，1968 年版，第 1122～1123 頁。

〔註55〕《中美關係史料（同治朝）》第 1127～1128 頁。

〔註56〕（日）「處蕃提要」後編第一卷，臺北國立中央圖書館臺灣分館藏，第 53～54 頁。

〔註57〕李鴻章：《李文忠公全集》朋僚函稿卷二，第 42 頁。

〔註58〕《同治朝籌辦夷務始末》卷九六，第 31～32 頁。

　　當時李鴻章固執地採用「聯夷外交」，分別向法國和美國各公使提出調停之意。還特別利用《中美條約》（1858）第一款（此款規定：若他國有何不公輕蔑之事，一經照知，必須相助，從中善為調處，以示友誼關切。）作為外交的資本，試圖利用美國人的從中調停，以國際間的壓力獲取外交主動，解決這場中日外交問題。

　　李鴻章在會晤美國公使時，他曾向美使解釋中國的苦心：「中國不願失和。日本兵三月杪至臺灣，迄今六個月，我軍並未與伊尋釁開仗。日兵即甚強狠，不過三四千人，以中國兵將之眾，斷不至畏彼三四千人。只因上年才換和約，彼雖無禮在先，我未便失禮在後；姑且忍氣耐煩實為保全和局」，並且抱怨日本得寸進尺，其欺侮他國的程度，即使是西方各國，也「恐不能如此忍耐。」〔註59〕美艾公使向李鴻章陳述了自己所知道的、有關於日本方面對此事件的態度，並表示願意從中調停：此番由日本經過，曾晤該國太政官、外務省，均稱臺灣生番之事不願與中國失和，但望通融辦結。中美條約第一款載明他國有何不公輕蔑之事，必須相助，從中調處。美國與日本和約亦有此語。是調處乃我分內所應為。擬進京送國書副本請觀後，會晤總署王大臣及日本公使，細問兩邊情節，再為說合。他還向李讚美說：中國十分寬容，我等西人無不敬佩，亦皆不願兩國失和戰爭，致礙大局。美使還向李鴻章詢問了臺灣番地所屬的一些相關情況。

美使云：據日本太政官言，臺番非中國管轄之地。副島上年在京，
　　　　與總署說明，中國無法查辦，伊可派兵往辦。

李答云：副島在京並未親自向總署商議，只令副使柳原前光略提數
　　　　語：以生番殺害琉球人，該國欲派人往查，並未說要用兵。
　　　　總署告以生番隸中國版圖，惟性情風俗各異，中國可自查
　　　　辦。柳原謂只先告知，並非請查辦也。嗣後副島未再面商，
　　　　亦未行文照會。彼蓋預懷奸計，以為一經行文，中國必照
　　　　覆係我轄境，當為查辦；則彼須候我查辦，不能擅自動兵，
　　　　而姑以遊詞告詢，口說無憑，為日後狡賴地步耳。否則各
　　　　國相交，於此等重大事件，焉有不以照會印文為往來憑據
　　　　者？

〔註59〕《李文忠公全書》卷三，譯署函稿二，國家圖書館古籍館藏，第53頁。

艾使曰：言極有理。我想中國若允以後設官設兵查辦生番，認眞管
　　　　束，能保番人永遠不得殘害異民，日本應即退兵。

李答云：總署與福建總督皆已允承辦理善後各事。大久保等乃謂臺
　　　　番爲無主野蠻，與中國無干，該國義應征伐，現已撫綏歸
　　　　化，不欲中國攙與。一味無理矯強，明明逼迫中國，圖佔
　　　　便宜。試問貴國邊地亦有野人苗子地方歸其管轄，如臺番
　　　　之類，能容他國強佔乎？

艾使云：西洋各國皆有似此屬地，或遇戕害難民等事，應由本國趕
　　　　緊查辦，從未有客人代辦強佔者。日使此語，殊違公法。
　　　　中國既允將來設官設兵管束，此事當可調停。俟到京後相
　　　　機勸說，總不任日本貪佔便宜。〔註60〕

李鴻章聽到美使的表態，於是希望美國政府約束李仙得等人，禁止他參
與中日交涉的活動。云：日本欲占番地，聞係美人李仙得唆聳主謀。今李仙
得既擒復放，中國現未與日本失和，亦難怪貴國領事徇護。惟貴使既欲調停
此事，李仙得隨同大久保等在京，恐仍挑唆出壞主意，未免與貴使好意相反。
望貴使見李仙得時，嚴爲訓誡，勿令從中播弄。〔註61〕美使表示：李仙得本
法國人，寄居美國。若帶兵赴臺，顯悖和約，美國自可拿辦。因彼尚在局外
徘徊，不得不暫釋放。然李仙得久充東洋大官，參贊軍事，外間多議其主謀，
我亦不敢保他是好人了。〔註62〕

李鴻章不僅與美國公使相聯繫，還請駐在北京的領事施博（Eli
T.Sheppard）及副領事畢德格（W.N.Pethick）從中調節。於是畢德格等也開始
參與其中，畢德格在與李鴻章會晤時，還爲李出主意想辦法。「昨晚歸寓，與
艾使妥細酌議調停東洋之事，須想出下手辦法。今東洋堅稱臺番非中國所轄，
其欲甚奢。若不將此層斷定，難得結束。艾使擬請於到京後，由總署先將此
事起首至今與日本往來照會節略，及番地向歸臺灣廳縣兼轄憑據。逐一詳晰
鈔敘照會。艾使並言：須云從前歷辦各國及日本和約，均載明臺灣係中國所
屬地方，各國亦皆認定臺灣全境係中國所屬地方。茲日本忽稱臺灣番地不歸
中國管轄，將來各國和約已載明通商地方必被日本攪亂，美國果肯認作臺灣

〔註60〕《李文忠公全書》卷三，譯署函稿二，第53頁。
〔註61〕《李文忠公全書》卷三，譯署函稿二，第54頁。
〔註62〕《李文忠公全書》卷三，譯署函稿二，第54頁。

全境非中國屬地否？且美約第一款：他國不公、輕藐之事，必須相助云云。日本此事輕藐中國，並敢輕藐各國已經認定中國屬地，不公孰甚、關係非輕，請即秉公查核等語。本大臣應覆以和約載明臺灣係中國地方，定有通商口岸，其臺灣全境自歸中國所屬，不得謂之無主野蠻。日本若必指為無主之地，須要交出無主憑據。如日本無此憑據，何得信口臆造？」〔註63〕艾公使也表示願意幫助中國方面：「只要總署文書說得明白平和，並引美約第一款相詰問，趕快送來，我即獨抒己見具覆。迨各使聞知商及，我亦將公話說出，他們亦不能駁斥。各國似臺灣番地情形者甚多，萬國公法並無准他國硬占強爭之說。到那時，我便出頭代中國與之爭論。且各使或尚推諉要轉致本國總署酌奪。我銜命來華，朝廷已有攔阻調停之意。我美國向來無侵人疆土、分人利權情事，不似歐羅巴各國多損人利己私意也。我到京後，總署晤面只須淡淡提及。我晤各使，亦不深問。候總署來文覆過再說。」〔註64〕

李鴻章非常感謝，但還是擔心地表示：總署即可執美國照覆與東使辯證。我見東使，亦必將總署問答之文一一與之論說。美國駐東洋公使平安素為本國伯理璽天德（伯理璽天德，清朝後期對 President 的譯音，意為掌理玉璽、享有天德的人。）所信重，為稱兵臺灣一事，屢向東洋解勸；並禁止美國人船赴臺幫助。信致美國朝廷，深以平安所辦為是，今仍設法攔阻。我與平安是一樣意思，日本太政官、外務省均知道的，大久保亦必聞知。若我與辯證，以美國不願此舉，伊當內怯。……我當將貴大臣前後言語，密緻總署酌辦。但恐大久保所議未就，所欲未遂，早晚出京，與貴大臣不想值耳。〔註65〕

艾使及畢德格又進一步表示：大久保尚無離京信息。我料其或至封河前出京。譬如乞丐在鋪戶門前討要吵鬧，至天晚得錢乃他往耳。中國但拿定主意，不允兵費，未必即行，或以他詞好語款之。俟本大臣至京，總署文書速來，當為盡力幫助。我擬十四日由水路啓程與施領事同去。留施領事俟辦結此事回津。〔註66〕

李鴻章非常高興，答云：「貴大臣誠實正派，力顧中外大局，實所欽佩。施領事精通法律，人甚熱腸，此行必可做臉。某即拜託，仰仗一切。」〔註67〕

〔註63〕《李文忠公全書》卷三，譯署函稿二，第 54 頁。
〔註64〕《李文忠公全書》卷三，譯署函稿二，第 55 頁。
〔註65〕《李文忠公全書》卷三，譯署函稿二，第 56 頁。
〔註66〕《李文忠公全書》卷三，譯署函稿二，第 56 頁。
〔註67〕《李文忠公全書》卷三，譯署函稿二，第 56 頁。

　　美使也沒有負李鴻章的熱望，12 日，副領事畢德格又來總署，向李鴻章表示：艾使主見已定，決無遊移，昨晚業將所議調停各節，密緻駐東洋美使平安。看此事中國有理，日本欲逞強行蠻，心實不悅。美國既照原約認明臺灣全境爲中國屬地，日本若必以臺番非中國所屬，用兵久占，或至決裂，擾害通商各口，於各國商民生意有礙，美國斷難坐視，即要幫助中國辦到底了。日本若肯就轉圜，亦無貼補兵費之理。中國要不給一文兵費錢，日本要勿留屯一兵在臺灣番地，乃是全交之道。至善後事宜，再逐細妥商，應請沈大臣在臺多駐兩年，將番境開闢教化。遇有殺害難民等事，立即拿辦。日本所屬難民前被番害，應如何酌議撫恤，該國亦可下臺，大略不過如此。李仙得若從中挑唆，該使必不依他。將來仍有法辦他。惟艾使到京後，總署行文須將始末緣由，緊要節目，敍清照會。其與日本往覆文函太多，不必全鈔，恐一時翻譯不明，徒誤時日。但須簡明暢切，平易近人。文內亦不必痛詆日本，我即當發出公論來了。彼此文移，愈速愈妙。艾使囑我前來密緻云云。〔註68〕

　　畢德格還建議到：衛廉係署任，年老不甚管事，總署應再照會艾使。並如前日面陳各節詳晰敍入，方好著力。其義有三：艾使奉本國全國之命新來中華，當由總署另辦照會，以昭鄭重，一也。艾使過日本，駐十餘日，應知此事原委，二也。美約內獨有他國輕藐不公，必須相助，從中調處等語，爲各國條約所無。應特聲明，使各國不得怪總署另請美使論斷，三也。所說各情毫無虛假，亦絕無翻覆，務請總署勿稍疑惑。〔註69〕

　　從以上內容分析來看，李鴻章在與日本談判時過多的倚重外國的居間調停，卻沒有考慮這種做法是否眞的行得通，對中國有無好處與實效。

小結

　　綜上所述，清政府已經知道日本欲長久佔領殖民臺灣番地，爲了防備日軍繼續擴大佔領和迫其撤兵，在短期內加強了臺灣當地的軍備，以軍事威懾來向日本施壓，迫使日本儘早退兵。但清政府卻沒有開戰的決心，也不知道通過正常的國際交涉來屈日退兵，而是採取依靠外國人從中調停的辦法。而美國人願意從中調停，主要是因爲美國某些官員支持日本征臺，積極提供策略，美國現役軍人甚至參加征臺軍，這是明顯違背國際法的，美國人害怕中

〔註68〕《李文忠公全書》卷三，譯署函稿二，第 56 頁。

〔註69〕《李文忠公全書》卷三，譯署函稿二，第 56～57 頁。

國在國際法上控告他們參與他國的侵略行為。以外國干涉調停的外交方式處理軍事事件，參與國普遍的準則是以自國的「利益」來衡量的，交涉的趨向也主要優先考慮本國利益問題。而李鴻章在對日交涉中似乎並沒有考慮的這個問題，更沒有受到李鴻章足夠的重視，在外國人的利益和中國自己的利益重合點甚小至並無交合之時，中國借助外國力量進行調停，反而會使自己本身的利益受到更大的損害。這也是後來英國公使威妥瑪聽信大久保利通的說辭，轉而偏向日本，壓迫清政府簽訂了既賠款又承認日本侵略臺灣番地為「保民義舉」的《北京專約》（又名《中日北京專條》）。

第十三章　確保釐清「中琉」關係的《北京專約》

清政府已經知道日本要殖民臺灣番地及全島的野心，便全力維護臺灣領土的安全，強烈抗議日本的侵略行爲而要求撤兵。日本雖然提出臺灣番地無主論以對抗中國，但其理論不能獲得廣泛的共鳴，尤其難以說服列強各國。同時由於日本當時也不具備對外發動戰爭的能力，又由於李仙得的被拘留，使日本對於清政府的談判改變了最初的步驟，先達到釐清琉球與中國的關係，即柳原以日本佔領臺灣的現實，要求中國承認日本出兵爲保民義舉，並以清政府賠償來達到出兵口實合理化，來換取日本的撤兵，並以「保民義舉」來達到切斷琉球兩屬的目的。

一、確保「義舉」出兵爲目的清日談判

（一）天皇敕旨大久保利通全權談判

鑒於清政府對臺灣番地所屬權的堅決維護，而且出兵行動引起列強的堅決反對，日本政府認爲殖民臺灣番地的計劃難以實現，便退而力求清政府承認日本出兵爲保民義舉。

爲達此目標，日本除以武力佔據臺灣番地爲後盾壓迫清政府外，還加緊實施吞併琉球的各種措施。7 月 12 日，日本政府匆忙地將琉球事務，從外務省轉移到內務省管轄，以表明琉球與日本的關係非國際關係，是歸屬內務省管轄的中央與地方的行政關係，從形式上完成吞併琉球爲日本領土的國內程

序。

7月14日，日本政府擬定對琉球藩的公告，其中言稱日本已經攻破牡丹社，此後如有漂民遭殺事件的遺屬想要赴臺，須先行通知長崎蕃地事務局：

> 臺灣蕃地處分之趣旨已於本年第六十五號公佈在案，西鄉都督渡蕃後，剿懲得其所，蕃人往往前來軍門投降，目前全蕃地幾已趨向皇化，現正全力搜捕先前劫殺之藩民凶徒，如此獲得平定，且都督率兵仍駐於蕃地期間，慘死者之親屬等，若有赴蕃地祭拜墳墓、遺骸之素志者，絲毫勿須掛念，亦可渡蕃，航海船班等事宜，請向蕃地事事務局長崎支局提出申請即可獲得照料，希知照。〔註1〕

7月20日，海軍省秘書偵察員兒玉利國，攜帶給琉球藩民的公告前往琉球，正式藉此事件向琉球民眾宣佈吞併的決定，將以後琉球難民遺屬及民眾赴臺的審理權，歸入蕃地事務局，向琉球人表示日本政府從此正式統治的姿態。〔註2〕

日本政府經過精心運作，力圖使「外征」臺灣轉爲「內治」琉球問題，將日本出兵變成日本內治問題，爭取在國內取得日本出兵的正當名義，同時爲了向外表明琉球爲日本所屬的意圖，準備派遣內務部長大久保作爲全權辦理大臣，繼續前往中國交涉，試圖證明琉球是日本的內治問題，圖謀使清政府承認日本出兵爲義舉，並藉此宣揚清政府承認琉球歸屬日本的假象。

6月13日，臺灣蕃地事務參軍赤松則良提交一份作戰報告，即是針對雙方開戰後的應變之道。文中共列有 9 項要點，主要是以琅嶠爲根據地，北上進攻臺灣府（臺南市），並以海軍攻佔澎湖，切斷臺閩的聯絡；必要時再從長崎調一大隊攻擊雞籠，並循著河流入據艋舺（臺北市萬華區）；此時若與清廷談判破裂，再從長崎速調 12000 名軍隊佯攻臺灣，實開赴天津突擊，另在鹿兒島新募 3000 名軍隊，速攻浙江舟山，擾亂上海附近的航運、通商。〔註3〕7月27日，大隈重信向正院建議，日本在外交和軍事的危機之下，必須先籌劃對中國宣戰時的具體措施，並提出具體的「密議條件」，促使政府迅速採取行動。〔註4〕雖然大隈的建議有文官干涉軍事的批評，〔註5〕但是卻促使政府認

〔註1〕 （日）《大隈長官ヨリ蕃地勦撫二付琉球藩へ御達ノ儀云々伺》，JCAHR：A03031130900。

〔註2〕 （日）《處蕃類纂》第八卷，第 163 頁。

〔註3〕 （日）伊能嘉矩：《臺灣文化志》下，第 106～107 頁。

〔註4〕 （日）《大隈關係文書》第二卷，第 411～414 頁。

眞考慮大久保爲全權出使的問題。因爲此前在爭論蕃地平定後日本政策之初，大久保就提出以外交攻勢屈服中國，如中國不服日本不惜一戰的開戰論，此時的大久保進一步向政府提出備忘錄。〔註6〕

7月28日，政府決定「海外出師之議」〔註7〕和「宣戰發令順序條目」〔註8〕，表示如中國不屈服於外交，日本將不惜一戰，來堅持出兵爲義舉目的的強硬政策。

此種政策決定後，大久保便進入實施階段，他首先要落實軍隊的指揮和調動準備工作，7月29日，大久保與海軍大輔川村純義達成協議，海軍方面支持他全權辦理外交，〔註9〕並不斷與陸海軍各方面人士開會討論，協調他們配合自己的外交活動，〔註10〕

8月5日，大久保與山縣有朋之間也達成協議，〔註11〕陸軍方面也支持其實施強硬外交。日本政府爲了強化政權的權力基礎，對政府成員進行了一定的調整。

8月1日，大久保被正式任命爲全權辦理大臣。〔註12〕

8月2日，左院議長伊地知正治、開拓廳次官黑田清隆和陸軍卿山縣有朋就任參議，大久保內務卿的職務暫由工部卿伊藤博文代理。

8月3日，太政大臣三條實美給陸軍大臣及海軍大臣發出秘密通知，讓他們進行戰爭準備：「臺灣蕃地處分之後，如先前之秘密通知，今後萬一開啓戰爭時，有關軍事方略事宜，皆由爾等專任，應協議後上奏爲要。」〔註13〕

8月5日，天皇下旨給大久保，要求其必須要貫徹日本的理論，並維護日本爲正義舉兵的榮譽。〔註14〕天皇下旨委任狀內容如下：

　　大日本國皇帝宣示：凡瞻諟書者，往歲有我人民破船漂到臺灣島，被彼土人橫暴者，以之命我委員往問其罪，且派兵屬之，以警

〔註5〕　（日）《岩倉具視關係文書》第六卷，第185頁。
〔註6〕　（日）《大久保利通文書》第六卷，第19～22頁。
〔註7〕　（日）《大久保利通文書》第六卷，第30～34頁。
〔註8〕　（日）《大久保利通文書》第六卷，第34～35頁。
〔註9〕　（日）《大久保利通日記》下卷，第292～293頁。
〔註10〕　（日）《大久保利通日記》下卷，第293～295頁。
〔註11〕　（日）《大久保利通日記》下卷，第295～296頁。
〔註12〕　（日）《大久保利通日記》下卷，第292～293頁。
〔註13〕　（日）處蕃提要卷六（1）《》，JCAHR：
〔註14〕　（日）《大久保利通日記》第六卷，第44～46頁。

不虞。有此舉也，或恐有事出，謬傳交際生釁，因以命我派駐清國全權公使柳原前光，令與大清國政府，將懇親之意，妥爲商議在前，而週後致啓種種論端。朕又爲事屬至重，宜別簡於朕之信重大臣，以其熟知朕意且近所望者，委付全權令往，便是參議兼內務卿大久保利通。朕深信其有才幹，且忠直能堪厥任，乃茲授爲全權辦理大臣，著往清國，令與大清國皇帝所派該其同權大臣，或議定條約，或議成約書，以副朕意所望爲要。而其所議定之約，准即用朕名批准，以便令其盡權從事，好爲收局也。凡此行辦事，即與朕親臨做主無異，準此爲憑。〔註15〕

另外，在同旨中，明治天皇委任給大久保事項如下：

一、全權公使柳原前光及田邊太一所持綱領，以不予變動爲原則，實際不得已時，得便宜取捨；

二、談判的主要目的在保全兩國的親善關係，如不得已，則有決定和戰之權；

三、有指揮駐在中國的各級官員的進退之權；事實上不得已，雖爲武官亦有指揮進退之權；

四、李仙得雖有天皇之委任，但必要時，亦有進退指揮其之權力。〔註16〕

天皇不僅給大久保在清談判全權及指揮各級官員的權力，還爲其配備了在日本司法省從事刑事法熟悉國際法的法國專家布瓦索拿德（Gustava Emile Boissonade），並親自下敕語給布瓦索拿德，望其能「勉勵從事」。

在接到天皇敕旨之後，8月6日大久保率領太田資政等十六名官員和法律顧問法國專家布瓦索拿德，從橫濱出發，開始踏上出使中國之路。19日到達上海與上海領事品川忠道會合，7月21日與李仙得會合。

9月1日，大久保抵達天津，在津期間，見到前來迎接的田邊太一，聽取其關於北京情況的彙報。3、4日，再次與李仙得會談。10日，越過北洋大臣府衙，未與李鴻章進行交涉，只是與李鴻章交換了禮貌上的名片，直接前往北京。大久保抵京後，仔細閱讀柳原和總理衙門的往返文書，認爲如此反復

〔註15〕（日）《大久保弁理大臣へ勅旨》，JCAHR：A03031133900；《日本外交文書》第七卷，第176～177頁。

〔註16〕（日）《大久保弁理大臣へ勅旨》，JCAHR：A03031133900。

地辯論下去毫無意義，不如直接針對其論點提出問題。14 日大久保一行前往總理衙門，會晤奕訢、文祥、寶鋆、董恂、沈桂芬、崇綸、崇厚、成林、夏家鎬等大臣，進行第一次談判。

（二）大久保利通先發制人的談判策略

9 月 14 日，大久保與清政府進行第一次談判。大久保首先陳述日本政府派遣辦理大臣的目的，明確表示仍然保證柳原公使的權限。對於清政府官員的「貴大臣之言皆是貴朝廷之意嗎」質問，大久保答道：「可將本大臣之言視作本政府之言」。〔註17〕

談判開始，大久保就採取反客為主、先發制人的策略，不再糾纏日本出兵侵臺的理由，而直接把談判的話題指向臺灣的番地不屬清政府版圖，展開外交攻勢：

大久保：本大臣想問貴政府對生蕃究竟有幾許實地治理呢？

文　祥：至於實地治理問題，一時難以詳述，一言以蔽之，自有臺灣之地既有生番。猶如廣東省有瓊州，其島中雖有開港場，但周圍居住著很多象生番那樣的人們。

大久保：既然說是屬地，當然就要置官派兵加以治理，因此希望領教當地治理的詳細情況。

文　祥：中國地域廣大，在此難以詳細說明，難以回答貴大臣的問題。

大久保：如此說來本大臣便難以理解了，生蕃之是非自今日生，自五月至今，今日本大臣奉命正式前來當面商討，應該可以得出明瞭的回答才對，但是，如果貴大臣說不能回答的話，今日的商議當然就毫無意義，而且歷來和柳原公使談判時所謂的蕃地為其所屬的言論決難相信。

文　祥：我政府事務繁忙，各官分司其職，因此我一時難以作答，作為證據這裡有臺灣府志。已然在照會中詳細說明，別無可言。

大久保：引用府志的照會已拜讀過，然而在實地到底有何證據呢？

〔註17〕　（日）《單行書・使清弁理始末・完》，JCAHR：A04017223600。

公法上講，荒野之地，某國對此實際佔領，且在當地設置
官府，如不能從其地得到利益，其所領有之權及主權將得
不到承認。〔註18〕

大久保狡猾地將談判的問題歸納「蕃地無主」，即「簡而言之，貴國政府
認為生蕃乃為屬地，本國則認為其為無主野蠻之地。」他實質上在用臺灣番
地是化外之地，即是近代國際法的無主之地的邏輯操控談判的主動權。他利
用國際法上的實際統治理論追問中國政府官員，將談判話題轉向中國無法瞭
解的收稅問題，令中國官員無以答對，從而轉變了對清政府有利的談判話題，
迫使清官員從此開始跟著自己的話題：

沈桂芬：自古此地就歲歲繳納稅餉，顯而易見此地是大清國的屬土。

　　　　（此時書記官遞給大久保一紙文書，內容是：生番等處，
　　　　宜其風俗。聽其生聚。叛者征之。服者容之。向不設官設
　　　　兵。其輸餉等事，已詳照會。）

文　祥：貴大臣的問題是詭辯，根本無法回答。因此一定要把出處
　　　　搞清楚。

大久保：此種輸稅之事，至今有官管理嗎？

沈桂芬：由當地頭人先行徵收，然後再一併繳納。

大久保：向何處繳納？

沈桂芬：向縣衙。

大久保：像牡丹社這樣的地方向那個縣衙繳納呢？

崇　厚：向鳳山縣衙。

大久保：本大臣聽親赴當地的日本官員調查報告所說，據當地土人
　　　　所言，不曾有過交稅之事。在此有文書為證，不妨一閱。

〔註19〕

大久保還當場出示了副島九成和臺灣車城人借地的筆錄。文祥見此筆
錄，回應說：「我國不僅在生番之地，而且在內地如此管理的地方也不少。租
稅主要由村官統一上繳，百姓可能不瞭解詳情。」〔註20〕大久保反駁到：「既

〔註18〕　（日）《單行書·使清弁理始末·完》，JCAHR：A04017223600。
〔註19〕　（日）《單行書·使清弁理始末·完》，JCAHR：A04017223600。
〔註20〕　（日）《單行書·使清弁理始末·完》，JCAHR：A04017223600。

然是貴國屬地，按照常理應該定期派官，租稅也應定期徵收，對於此問貴中堂的回答開始說一切具備，後來又說是由民莊來做。貴中堂所言前後不符，本大臣尤爲不解。」〔註21〕文祥再駁說：「言語可能會有錯雜或者難於理解之處，但是貴國和本國是同文之國家，即使文字有分疏，自己本身還是應該明白。」〔註22〕

　　大久保雖以番地沒有實際管轄爲尋找藉口，並以清政府在當地並無納稅之例，以此否定清政府對番地主權的主張，但在中方的反論下，也使大久保的說法也很難成立。

（三）大久保無視《臺灣府志》的證據

　　9月16日午後一點，總理大臣董恂、沈桂芬、崇綸、崇厚等四名官員，前往大久保居住的旅館，雙方進行第二次會談，就大久保提出兩點質疑，總理衙門提出《臺灣府志》予以反駁答辯，其中有臺灣生番曾經納稅二十兩的記載。總理衙門大臣們以爲憑此可以證明清政府對其擁有主權，並付以書面答覆：

> 第一條查臺灣生番之地，中國宜其風俗，聽其生聚。其力能輸餉者，則歲納社餉。其質較秀者則進入社學。即寬大之政以寓教養之意，各歸就近廳州縣分轄，並不設官也。特中國政教由漸而施，毫無勉強急遽之心。若廣東瓊州府生黎亦然，中國似此地方甚多，亦不止瓊州臺灣等處也。況各省各處辦法均不相同，而番黎等辦法尤有不同，此即條約中所載兩國政事禁令也各有異同之意。

> 第二條查中國與各國通商友好，遇有各國官商民人船隻意外遭風，及交涉案件各國商民受虧等事，一經各國大臣將詳細事由情形照會本衙門，必爲立即行文查明妥辦。雖辦理有難易遲速不同，卻從無置擱不辦之件。如此案生番，貴國如有詳晰照會前來，本衙門無不查辦。且本衙門甚不願有此等情事，此後尚須設法妥籌保護以善將來。〔註23〕

清政府還以《臺灣府志》及戶部冊籍爲證，反駁日方云：「番地」並非全

〔註21〕（日）《單行書·使清弁理始末·完》，JCAHR：A04017223600。

〔註22〕（日）《單行書·使清弁理始末·完》，JCAHR：A04017223600。

〔註23〕文慶等奉敕纂：《籌辦夷務始末》卷九七，臺北，國風出版社，1974年版，第39～40頁。

無政教，生番要繳納名爲社餉的租稅，優秀的番童也要進入社學來學習。而「土番」的行爲，則根據各國使臣及領事的照會，予以處罰。這一事件，日本如有照會，自當查辦，向無放置之理。即對臺灣，亦頒法設官以轄之，而盡中國自主之權，請勿無謂干涉。〔註24〕

當時大久保當場就對以《臺灣府志》作爲清對番地擁有主權的說法提出質疑：

> 大久保：貴國的答覆書待熟讀後再行申告，雖然答覆中所說的蕃地就和廣東瓊州相仿，但是將此地同樣看待之事難以苟同，況且發生蕃人殺害我國人民之事，引用其和內陸地方相類似來加以論辯，本人難以認同。

> 中方大臣：無法事事皆以書面作答應該可以依次來答覆。

> 大久保：就像前天曾說過的那樣，僅憑府志上交納了二十兩稅收便可作爲生蕃屬於貴國的證據嗎？

> 中　方：雖以府志爲徵，但也不是年年都固定徵收，因爲終歸還是有豐收和災年免稅的情況。〔註25〕

此次會面並未進行太多的辯論，因爲大久保的策略是揪出對方的錯誤，當場無法立刻尋覓出來，無法當面予以反駁，所以只就前次出現的一事提出異議。而中國方面則是只對對方的疑問給以回答，以期證明對番地的所屬權。此種釋疑解惑的想法及其做法，當然無法對付專以對方失誤獲取外交主動的狡黠，因此形成了被對方控制的局面。

（四）無果而終的第三次談判

9月19日，第三次談判在總理衙門進行。會談剛開始，大久保爲了將清官員的氣勢壓下去，率先提出兩條質疑，雙方對臺灣番地所屬展開激烈的辯論：

> 大久保：答覆書中存在答非所問的情況，臺灣蕃地如果確實是貴國的版圖，前日的答辯還是不能解釋。夫版圖者，須確有證據。如果政權不曾波及，公法上非政權管轄之地，不承認其爲某國的版圖。我相信蕃地決不是貴國的版圖。

〔註24〕（日）《單行書・使清弁理始末・完》，JCAHR：A04017223600。
〔註25〕（日）《單行書・使清弁理始末・完》，JCAHR：A04017223600。

文　祥：正像前日會晤時詳細陳述的那樣，如果互相詰難地辯論的
　　　　話，最終也難有結局。不妨現在約定，在和約中商定兩國
　　　　政事禁令有異同，存在事先未知的事情。按照此條約各司
　　　　其政，此乃本人的談話要點。貴大臣如果也有和好之意圖，
　　　　可達成友好，這對商議本身來說至爲緊要。

又　説：萬國公法乃近來西洋各國創立的，未曾記載我國之事，因
　　　　此不應使用它來商議，應該用正理友好地商談。如果説生
　　　　番之地我國政令不及，好像是咎問我國政事。生番之事可
　　　　由我國辦理，而且以政事不及就認爲不在我國管轄，無論
　　　　辯論幾次，我也無法解答。

大久保：我也並非喜歡辯論，奉使來華的宗旨是爲了友好，本來關
　　　　於生番之事已經派了柳原前來，現今本人又來貴地，更加
　　　　表明本國爲了友好之意。然而貴國依然稱生番爲自己的版
　　　　圖，今日的話題實際上是關於生番到底是否屬地的辯論，
　　　　所以不得不反復加以辯論。儘管知道中日修好條規中規定
　　　　不干涉對方的政事禁令，但是番地之事與此無關。正如一
　　　　直表述的那樣，番地人及其兇惡，將殺害他國人民之事視
　　　　爲平常，以至於釀成現在這樣的事情。我國認爲並非貴國
　　　　所屬，所以自己著手處理。貴國如果堅持是自己的屬地，
　　　　就請問證據何在呢？

文　祥：若問在實地有多少政令，我確實難以回答。但也不能因此
　　　　就說我國未對生番實施政令。像如此之處，尚有四川雲南
　　　　湖南湖北瓊州等地，即使在京師附近也有類似之地，不設
　　　　官之地很多。如果籍此例證來詰難不是本國版圖的話，那
　　　　我國可就爲難了。貴大臣所説的我國懈怠於管理的事情或
　　　　許存在，但是如果詢問版圖的證據，確是難以一一指證，
　　　　更不能説我沒有證據。按照彼此不干涉政事禁令的規定，
　　　　由我國自己處理番地之事才是理所當然。貴大臣如果不信
　　　　任我，本國政府該如何是好呢？

大久保：内地之説前些天已領教過了，但是生番之地並非同日而語

。為何蕃地兇暴的人殘殺外國人，堂堂政府卻置之不問不
理呢？貴大臣稱其為自己的屬地，本人更是難以理解。

本來並無妨礙貴國自由行使權力之心，但稱其為版圖，又
看不到實證，才不得不反復辯論。〔註26〕

　　從上述對話內容來看，中國政府認為蕃地屬於中國，日本提出的政教不
及非為所屬之說，是在干涉清政府的內政，和中日修好條約相違背，是不友
好的行為。大久保堅持認為，既然是屬地就應有實地管轄的實證，日本認為
中國並無實證，所以蕃地和中國無關，日本可以自由處置，並引用萬國公法
為據，反駁中國的觀點。眾所周知，此時的中國政府對萬國公法並不十分熟
悉，日本以前述西方領土殖民標準來衡量臺灣主權，〔註27〕將根本風馬牛不
相及的兩種情況牽強地作比，清官員當然無法理解和接受，所以雙方談判未
有進展。

二、英國公使威妥瑪調停

　　大久保為了順利地進行接下來的談判，避免列強的反對成為桎梏，在第
一次談判後的次日，開始相繼拜訪了英美等國公使館，採用矇騙手段進行外
交斡旋，取得了很好的實效。9月16日，英國公使威妥瑪還到大久保處登門
造訪。根據日本外交文書的記載，當時談話內容如下：

威妥瑪：今日有一問題前來相見，如果無妨的話想請教一下。

大久保：請講無妨。

威妥瑪：臺灣之事據斯伊爾帕克來信，日本外務卿講支那如果說日
　　　　本征蕃之事非理的話，便可退兵，此事可否屬實？

大久保：此種說法差異很大。

威妥瑪：大意有何等差異？

〔註26〕（日）《單行書‧使清弁理始末‧完》，JCAHR：A04017223600。
〔註27〕即使按照西方國際法的條款，中國也有臺灣東部的領土主權，因為當時的公
　　　　法中規定：「國人徙居荒地遂據為己有者」，「開墾新地……若人民擅行於先，
　　　　國家允准於後，亦無不可。」中國的《臺灣府志》，完全可以看作是中國政府
　　　　的允准。參見《公法便覽》，卷一，第二章，第16頁，以及《公法會通》卷
　　　　三，第二百七十九章，第2頁。同時，公法中的「某國人民遷徙墾荒，佔據
　　　　海岸，其附近之內地，應從而歸之」，也證明臺灣全島完全是中國的土地。參
　　　　見《公法會通》卷三，第二百八十二章，第3頁。

大久保：日本行動前已曾就此事發佈聲明。

威妥瑪：就像如此闡述嗎？明後日本國的船隻會來此，因此爲瞭解現今的狀況，以便向本國彙報。本國人在支那地方很多，爲了根據形勢派出很多船隻保護國民等事，所以不願貴大臣嫌煩而前來詢問。

大久保：貴公使的擔心不無道理。

威妥瑪：明晚可應家人之許到達京城，明後日即快速地向政府呈遞書函，因此特向貴大臣詢問。

大久保：家眷住於何處呀？〔註28〕

　　大久保與列強使節的交往，目的在於獲得他們的支持，但是卻不願讓對方瞭解自己的眞實想法，所以威妥瑪想要瞭解日本的行動眞實情況，卻被大久保避開話題，與他嘮起家常，可見大久保唯恐泄漏談判機密給對方和列強以干涉的機會，影響自己通過談判獲取更大利益，這是極端狡點的伎倆。

　　對於大久保牽強的以實效統治爲籍口，徹底否定中國臺灣東部屬權的強硬做法，清政府最初冀望英國公使「公評」。英國公使當然願意在中日談判中表達本國的利益，實現對中日兩國的影響，所以 9 月 22 日，便給總理衙門遞交了一份節略，〔註29〕迫不及待地探聽清政府的授權界限。當時清政府只是將日本侵臺的合理性與否交各國公使發表意見。中日雙方第三次談判後，9 月 26 日英國公使前往日本外交官一行的旅館，再一次前來探聽雙方談判的情況，但大久保爲了掌握談判的主動權，堅持本國既定的行動計劃，還是避開話鋒，始終未向威妥瑪透漏出自己的眞實意圖和談判底線。

　　威妥瑪：據心腹稟告，據我所知好像臺灣全島歷來屬於支那，但是

〔註28〕（日）《單行書・使清弁理始末・完》，JCAHR：A04017223600。

〔註29〕節略中稱：1、我是否瞭解正確，總理衙門所謂「公評是非之處」意即公斷，或者僅僅意味著，根據目前一方所述，論其曲直，如係後一種看法，我願知道中國是否仍然盼望提出公斷？2、如果提議公斷，中國將以什麼問題交付公斷？3、總理衙門和在京日使往還中，有無某些情況說明日本政府準備提交外國公使公斷？交給所有外國公使或只是某幾個國家的公使？4、如遇必要，是否準備接受日本的條件？5、爲使英國政府瞭解情況，我願知道，如果日本拒絕提交公斷，中國意圖採取什麼辦法？威妥瑪致德比，第 222 號，北京，1874 年 11 月 16 日，附件 2 號，威妥瑪致恭親王節略，北京 1874 年 9 月 28 日，F・〇・17／676・轉引自王繩祖著：《中英關係史論叢》，北京人民出版社 1981 年版，第 57 頁。

近日日本卻派兵前往，征伐土番。支那政府稱此地爲其屬地，常常向我討論曲直。本人不能以偏聽之言來回答，所以貴政府如果說非其屬地有何根據嗎？本人願聽貴方賜教。

大久保：根據很多，很是錯綜複雜，非一朝一夕所能說明，但正如前述，隨著不斷商議道理自然會明瞭。不出幾日雙方便會討論出結果，屆時將會有所奉告。

威妥瑪：現在想要瞭解的是臺灣的日軍打算長期駐紮嗎？或者根據事情發展情況可以退兵呢？如果決不退兵，兩國間可能會出現紛爭，如果出現此種情況，本國要事先做出準備，所以希望告知一下。

大久保：本國未說決不退兵，具體要根據商議情況而定，現在尚無法詳細回答。

威妥瑪：根據情況退兵那是日本政府決定的事情，本人充分瞭解。本人會力圖讓中國政府接受此種結局。

大久保：承蒙厚意，我想正如前面所說，近日兩國政府間便可做出決定。所以不再麻煩您了。

威妥瑪：此事本來與我並不相干，但正如閣下所知，本國國民的商社在此地有二百餘家，每年的貿易額達到四億元。如果真出現兩國交戰的話，本國不得不保護本國商人的利益，所以十天後，本人想到上海和水師提督面商，事先做些準備。所關心之事非本人私事，而是和本國人民利益相關。

大久保：高論確實有理，前幾天已領教過貴公使的高論，此事讓貴公使顧念，所以希望早一天達成和平的結局。〔註30〕

　　雖然英國公使威妥瑪接受清政府的請求，試圖在中日間進行調停，更主要的是英國擔心戰爭會影響本國商人的利益，因此主張和平的解決爭端，即實現懲罰番人杜絕危害遇難船民生命，從而保護今後英國商業利益的目標，又不會因爲戰爭而影響本國商人的貿易活動。但大久保並不想給外國人支配

〔註30〕（日）《單行書・使清弁理始末・完》，JCAHR：A04017223600。

的權利，認爲通過本身的狡點可以促使清政府做出退讓，既能佔據臺灣，又能使中國在懵懂之中承認琉球歸屬日本的事實。當日威妥瑪並未得到日本撤兵的條件，一時難於左右中日談判的進程。

三、大久保搬弄國際法威懾中國

10 月 5 日，大久保到總署與文祥等進行第四次談判，其談判內容大體如下：

大久保：貴照覆中稱本大臣無端揣測，但是貴方所謂的社餉及一旦有外國照會必然查辦，任由英美自辦的例證是本大臣隨意猜測的嗎？

中方大臣：儘管責備不明確回答，但是這樣的語言我們不相信是出自總理衙門之口。

大久保：是呀，難以相信。

中方大臣：此事雖經幾次答覆仍不相信。

大久保：不是猜測，我們確實有證據。請就外國有知照不會耽擱、府志的社餉等詳細予以答覆。

中方大臣：我們已經用證據答覆完畢。

大久保：尚未對我的疑問給予詳細答覆。我詢問的各節未曾有答覆，如果再如此下去的話，就又會說不奉政教等，這是保持兩國和好嗎？

中方大臣：此事自柳原大臣來京後就曾詳細闡述過，之後和貴大臣會面及照會中已然非常詳細說明了。再無需陳述了。貴國說生番不屬我管轄，我畢竟難以苟同。如果堅持狡辯生番非我所管轄的話，那就有違貴大臣所說的和好的宗旨。

大久保：我歷來認爲生蕃之地爲無主野蕃，但貴方卻主張轄屬。不回答我的問題就不是追求友好之道，即使說一經外國知照就行查辦等事，也絕難相信。貴大臣越是曖昧地回答，本人就越是相信非中國版圖。

中方大臣：有外國的知照一定處理，但是查辦有快慢、事情有難易之分，決無放置不問之理。

大久保：貴大臣所說的作爲證據的府志，也明顯地說明蕃地非貴國
版圖，而且當地也有非貴國管轄的證據。我所詢問的至今
尚無明確的答覆，雖然已經是數十回了，但還是不得不辯
論，這是我奉使的任務。

中方大臣：雖然責備應該舉出證據，但近來的會面和照會，該答覆的
我們已經言盡了。

大久保：以一己之私見，不值得再三詰問。既然府志上記載明瞭，
而且一經知照即行查辦，那我這裡有一確證，請貴大臣詳
閱。

（此時大久保拿出臺灣府官員發給廈門美國領事的照會，請中
方大臣們閱覽。）

大久保：曾經稟告過幾次，都是一樣不變的。副島大臣派兩個人通
告，當時明確地回答和貴國無關。因爲貴國回答是化外蕃
地，所以才以此意來行事。

中方大臣：貴大臣如果引用副島大臣之事來辯論，我絕對未曾聽到。
回顧當時情形，我未說過無主之言。

大久保：幾次辯論皆如此，應該相信去年的答覆。

（此時文祥對鄭永寧說：談論到此種程度，白白的破壞友好，
貴翻譯官注意一下此處，請給予說明。）

大久保：去年答覆副島的話應該相信，與貴大臣討論了幾次都無結
果，近期將停止談判回國。

毛大臣：去年的事我也未曾說過無主這樣的話。

文　祥：我們雖然該回答的都回答，如果要回國也不強留。〔註31〕

此次談判，大久保特別拿出一八六七年的「羅妹號」事件時，臺灣府給
廈門領事李仙得的照會爲證，還以副島使清時的言質爲由，逼迫總署承認臺
灣番地非中國所屬。

雙方都不肯在此事上讓步，且都試圖迫使對方退讓，甚至大久保以停止
談判來要挾。對於臺灣番地，清政府從當時的東亞國際政治方式角度，認爲

〔註31〕（日）《單行書·使清弁理始末·完》，JCAHR：A04017223600。

臺灣理所當然地應該爲中國領土，但大久保再次牽強地引用西方的標準，否定中國的主張，謂「一國新占曠地，該國如非實際領有，且於其地建設館司，獲得實益，則公法不承認其主權」、「一國雖有掌管邦土之名，而無其實者，他國取之，亦不爲侵犯公法」。〔註32〕彼此之間展開了激烈爭辯。

此次談判中，大久保搬出李仙得關於番地無主論的意見，以及布瓦索拿德的國際法知識。李的意見主要記載於 1874 年在上海匿名出版的《臺灣番地是中華帝國之一部乎？》（Is Aboriginal Formosa a Part of the Chinese Empire 敘），即「番地所屬論」。在談判中，李仙得一再給大久保送意見書，據大久保的日記記載：「今晚李仙得意見書，由吉原報告大意。」〔註33〕李仙得的意見書既是他的「番地所屬論」，他在這個著作中，引證「羅妹號」事件認爲，第一，中國對於臺灣番地，並無任何權利，縱使中國過去獲得其權利，但在番地未嘗開發之時，這種權利也是不完全的，即是一時的。這是因爲中國過去在此地區，實施政權之時，曾有一種遂行義務的約束，現在則看遂行的意志及能力如何？第二，中國在條約上所得的權利，乃由其對「生番」怠忽實行義務之日起而告消失。即所有放任未開土地的管轄主權，概自消失；這與文明國的下述情形相同：租地人如果不付租金，或租地人對於租地契約所列的義務未經履行，則地主可以驅逐租地人。第三，對於無主之地最初著手經營的文明國，亦即對於先人完全放棄之地最初著手經營的文明國，必須以此土地相贈與。日本佔領臺灣番地，著手經營番人開發事業，故有充分權利可以請求其土地。另外，番地經日本軍隊佔領以後，經過與讓受別國領土的同樣的順序，可以付出相當的賠償金而求和解之方。〔註34〕同時他還教唆大久保，說：「日本已盡應盡的義務與責任，中國如果以日本這次舉動爲非是，不爲懇篤的協議，反欲襲擊日本，則日本不惜與中國一戰。戰事一旦開始，日本豈能墜其祖先的勇名。」〔註35〕

儘管外國顧問一再教唆大久保，但由於中國政府寸步不讓，大久保仍然無法在外交上取勝。清政府對前年副島使清時的言質提出反論：清政府給李仙得的照會解釋說，這是地方官之失誤而中央政府不爲其負責任；副島未就

〔註32〕　（日）《單行書・使清弁理始末・完》，JCAHR：A04017223600。
〔註33〕　（日）《大久保利通日記》下卷，第 312～317 頁。
〔註34〕　（日）《大久保利通日記》下卷，第 321～322 頁。
〔註35〕　（日）《大久保利通日記》下卷，第 322 頁。

臺灣生番一事提出正式照會，所以中國當然不用去查辦，而且柳原與大臣毛、董會談時，並未表明日本擬定查辦之語，故認爲只是一場說話而已，沒想到日本會眞的舉兵侵臺。同時，中國政府一再強調，中國官員雖說是化外番地，但未曾說是無主之地。〔註36〕

清政府不能漠視日本明目張膽地佔據臺灣領土，更不會承認日本以牽強的藉口侵略臺灣的土地，日本圖謀臺灣的目的不可能輕易實現。大久保在談判中以停止談判回國來向中國施壓，因爲觸及中國的核心關注與最大利益，中國當然不能相讓，於是日本的態度迫使談判無法進行下去，雙方不歡而散。

但是出於維持最低談判利益的目的，大久保仍想繼續談判下去，以期獲得中方對出兵性質的承認，所以主動提出了兩國改換話題，尋求彼此皆能接受辦法的建議。經過幾次談判，大久保察覺臺灣番地所屬論爭，絕不是達成兩國協議的方法，必須另謀其他方法解決。他發現總理衙門雖然堅持中國的自主權及日軍撤退，但也同樣地宣稱要保全中日兩國的和平，所以不再與其爭論臺灣主權問題，而是趁中國防範琉球心裏薄弱的空隙，獲得出兵爲義舉之名，並得到中國的賠償是極爲可能的，由此就可以爲以後延伸解釋琉球主權預設鋪墊。所以提出了「兩便辦法」的主張。

大久保認爲，日本在外交談判上，未獲正當名目之前，即使談判破裂，使節回國，拒絕邦交的情形眞的發生，也不能由日本來宣戰，只能等待中國開戰，但是沒有任何迹象顯示，中國眞的會攻擊西鄉的征臺軍，但是如果先由日本發動戰爭，則反而陷入中國的策略，因爲日本沒有任何正當的理由先行宣戰。〔註37〕所以大久保爲維護日本發動「征臺」的正當名譽，不願意輕易放棄由外交途徑來解決糾紛。於是他在 10 月 10 日，照會給總署，呼籲停止兩國代表的論辯，爲達成和好由中國方面提出「兩便辦法」，〔註38〕試圖保持住談判底線，維護「征臺」的所謂名譽。照會云：

> 本大臣自奉命入京以來，日夕耿耿以思，臺蕃一案，兩議殊岐，紛無了期。致從而爲兩國大事，兩國生靈終爲何狀未可知焉。是豈兩國大臣弄詞鬥辯之日乎哉？惟天下理無兩是，事必歸一。（中略）

〔註36〕（日）《大日本外交文書》第七卷，第 255～256 頁。
〔註37〕（日）《大久保利通日記》下卷，第 80～83 頁。
〔註38〕（日）《大久保利通文書》第七卷，第 261～264 頁。

貴國所轄治也。今我勞師耗財，劈蟻除梗。衿束蕃民，污言相加，多辭相擾。實出意外。貴王大臣易地措身試一思之，亦豈所堪哉？侵越云，犯約云，實案未具加人以不容之罪。及其反復討論情事漸露，猝又誣以不好辯論，斥以不堪煩瀆，所謂情誼相推者何在？至柳原大臣依例請覲而不見，許有輕侮中國等語。本大臣明知貴王大臣已不以好意待我國也。夫兩國大事不同於匹夫匹婦口角勃窣隨罵隨笑者，今日之事知有所定。是天未欲成兩國之好也。本大臣亦何所求，而久躑躅於都門哉？抑我國再三派使，不爲不恪，本大臣輸誠致矣，不爲不竭，啓釁滋端，其咎孰任，盡言至此，萬非得以。祈貴王大臣中夜清閒，一再致思，衡平鑒明之間，固已瞭然矣。今期五日，欲知貴王大臣果欲保全好誼，必翻然改圖，別有兩便，辦法是實，見大國雍雍氣象也。我國素非貪土佳兵者，兩國人民之慶。本大臣固有深望，若乃過期不復，別無改圖，則是貴王大臣口說保全和好而其實委之塗泥也。本大臣臨去倦倦於兩國和好，莫非以儘其分也。〔註39〕

第二天，總理衙門發出兩封公文。一封是回復大久保 4 日的照會，針對美國處理「羅妹號」事件和中國的照會事宜，糾正日本所說的自己帶兵前往的說法。正如前文所述，當時的情況也確實非自行處理的，美國方面包括李仙得多次向中國政府通報情況，而且中國還曾派官員帶兵去處理。這一系列說明番地屬於中國的事實。

另一封信是對於日本十日最後通牒的回答。信中並未對大久保的說辭采取相應的回辯，只是回復說因爲恭親王等要隨皇帝去南苑，所以五日的期限不可能給予回答。於是大久保同意再推遲三天。

在此期間大久保重視起了外國的反應，特意派遣李仙得前往美國使館、布瓦索拿德去法國使館、皮特曼赴英國使館活動，利用這些雇傭的外國顧問搜集外國和清政府的情報，以利準備今後的談判工作。

大久保自己則於 10 月 14 日主動登門拜訪英國公使威妥瑪，企圖利用英國迫使中國在談判上做出讓步，他們交流內容如下：

大久保：臺灣之舉本是因爲我國五十餘名遇難船民，去年遭遇生蕃

〔註39〕 （日）《單行書・使清弁理始末・完》，JCAHR：A04017223600。

殺害，我政府為懲戒此地蕃民而開化指導他們。這同時保護了我國及護世界各國航海者的安全，期望以此杜絕後患。五月份，我國西鄉都督率兵前往當地。去年春季時分我國副島大使在北京期間，據前件所述，曾告知中國總理衙門要派遣人員赴當地查辦，因為生蕃之地與中國相接壤，所以為珍重兩國友好才加以通告。但是總理衙門毫無異議地回答說生蕃是化外之地乃政權不及，於是我政府日益認定是無主野蠻之地。（中略）去年春天副島告知時，回答說毫無異議，因此我國將其視為無主野蕃，更加應該開化此地蕃民，保護我國及各國航海者安全，除去將來的患害。關於此情形，可以在以往的照會及商議中得到證據。期待五天後中國總理衙門能夠翻然改圖，形成兩便的辦法，使雙方繼續進行深入的談判能夠達成和約這才是本人的使命。本大臣歷來重視兩國和好，希望解除中國的疑惑，平穩地將事情處理好。（後略）

威妥瑪：副島公使在北京告知的內容是用公文方式嗎？

大久保：不是，是讓柳原代理，面見總理衙門大臣相告的。

威妥瑪：是那樣啊。

大久保：一到期限應該有可否的回答。根據答覆的情況決定回國的時間，出使已經兩個月有餘了，近日本國特意派船來傳達政府的命令，我也想儘早回國。

威妥瑪：前幾日到貴寓，曾經詢問是否可根據情況來退兵，退兵是當然的，但是事情現在還難說，現在可以聽聽事情的進展嗎？

大久保：此次出兵本是我國的義舉，懲罰蕃人並加以教化，不僅保護我國人民而且還有各國航海者，杜絕將來的後患，這是我國的本意。不敢貪圖土地，只要能保住名譽便可退兵。

威妥瑪：涉及名譽問題，不退兵無須詢問。除此事之外還有什麼希望的嗎？

大久保：正如貴公使所知，此舉最初是向本國國民發誓要完成的義

務。而且在當地的士兵們風餐露宿非常艱苦，甚至還有死
傷，耗費了巨大的經費。因此，如果不能滿足政府的要求，
以及足以向人民說明的理由，便難以退兵。

威妥瑪：如何才能夠滿足貴國的要求呢？

大久保：這應該由中國來思考。

威妥瑪：任憑他們的主張嗎？

大久保：是的。

威妥瑪：回國時是與柳原公使一同還是公使留下呢？

大久保：此事尚未決定，屆時再定。

威妥瑪：所談之事已然瞭解了，多少對本國也有益處。本來已知悉
中國的詳情，今日方知日本的意見和事情的進展情況，承
蒙告知，多謝。〔註40〕

　　可見，為了拉攏和利用英國公使，此時大久保終於將交涉的進展情況向
威妥瑪作了介紹。英國公使發現和日本有了共同的利益，於是開始協助日本
壓制中國，迫使其不追究日本出兵的理由，並予以適當賠償。大久保的說教
果然見效，從此威妥瑪便開始了這項工作，日本的外交達到了意想中的目標。

　　為了更好地達到目標，大久保於當日還拜訪了法國公使館。期望得到法
國公使的支持。大久保似乎是帶著期望而來，但是法國公使卻未表示出幫助
的意向，因此，他便簡單陳述了一下要達成撤兵條件的理由，就告辭而別。〔註
41〕可見大久保也想借用法國來向中國施壓，迫使中國接受日本的條件。

四、大久保脅迫中國以賠償換撤兵

　　大久保於10月10日提出的「兩便辦法」，顯然就是包含著中國賠償的要
求，其實這也是清政府準備妥協的方向，而且鑒於日本已在臺灣番地登陸的
實際，也不得不放棄對日本出兵是非的追究，為了日本退兵也可以在金錢方
面予以補貼。

　　10月16日，總理衙門給大久保發出公文，同意基於大久保的提案，由總
理衙門大臣前往日本大臣所居住的旅館，兩國開始關於兩便辦法的談判。

〔註40〕　（日）《單行書・使清弁理始末・完》，JCAHR：A04017223600。
〔註41〕　（日）《單行書・使清弁理始末・完》，JCAHR：A04017223600。

　　10 月 18 日，中國總理衙門大臣董恂、沈桂芬、成林、夏家鎬，日方的全權辦理大臣大久保、柳原全權公使、鄭永寧翻譯官、太田資政、金井之恭書記官，開始第五次會談，此時雙方代表都表示贊成商討兩便辦法，大久保先提出賠償問題，於是會談雙方開始討論補償問題：

> 大久保：前日的答覆書已經詳細閱讀，本大臣所書的書信畢竟是重視兩國和好的精神。尋求兩便的辦法。而貴大臣也當然是帶著和好的意願，為商議兩便的辦法，大駕光臨弊處，這是非常高興的事情。本大臣以為，今日的交談是事關兩國和好的存否的重大事件，本日的談論決定可否，而且不可更改，這些皆在於貴大臣的權利。

> 沈桂芬：正如貴大臣所言，兩國的大事，待商議後可決定今後該如何。

> 又　說：萬事皆須和恭親王文祥等商議才可，兩便的辦法可與此兩人商議。

> 大久保：如此說來，本日四大臣在此難於決定可否了？

> 沈桂芬：可決定的當然可以，不可決定的當然不可以。貴大臣所說的未必是不可的事情。

> 大久保：此事不在說完之後是無法知道的。

> 沈桂芬：根據貴大臣的談話便知可否，希望不出現以往的議論情況。關於兩便的辦法，一定是可以商量的，如果是單方的辦法，就不得不與恭親王和文祥等商量了。

> 大久保：關於今日的兩便辦法，貴政府可有意見，希望先請貴大臣詳細陳述一下。

> 沈桂芬：我認為兩便的事，非主張我一方的便利，貴大臣也是如此認為吧，因此先聽聽貴大臣的陳述。（中略）

> 大久保：文中堂給柳原公使的書信中，曾說過，如果日本撤兵，將來可以處分生蕃。現在如果是此種意思的話，決不是兩便的辦法，那時貴政府自己的偏見，希望能得到明確的回答。

> 中方大臣：可以撤兵不是本國所說，我們沒有對貴公使下命令的權利。我們只是以和好為宗旨，不然就會指責向我管內派兵非

常不友好的舉動。

大久保：貴國認爲蕃地是其管轄，要求我們撤兵。我國不予承認是
　　　　因爲有所見爲證。我政府討蕃的目的是保護國民、開導蕃
　　　　民、保護將來航海者的安全的大義，我國士兵風餐露宿吃
　　　　盡艱苦，特別是還失去了不少士兵的生命，加之我政府爲
　　　　了達到此目的耗用了莫大的費用。現今要撤兵蕃民有對我
　　　　應盡的義務，現在貴政府如果有也可以。傷亡者的祭資自
　　　　不待說，蕃地非常不便，我們需要的物資絲毫沒有，以至
　　　　於修建營房和道路及士兵的糧食等，費用相當巨大。這些
　　　　當然可由貴政府賠償，貴政府如果拒絕的話，本國政府可
　　　　以爲達目的繼續處理。爲了始終不變的重大義務而努力，
　　　　豈是貪圖領土之舉？

董　恂：本國本來就未說貴國討番的目的有何不是。

又　說：我政府認爲番民殘害貴國人民，因此來報復，最初不知是
　　　　本國土地，知道是我國版圖後，已經作了一定的處分，今
　　　　日妥議後，消除以往的事故痕迹。（中略）

大久保：正如以往所稟告的那樣，如果說討蕃之舉是不對的話，我
　　　　政府對天地神明、對各國政府也絲毫不覺得可恥。我人民
　　　　遇害之事已經在照會中說明了，特別是在蕃地他們挑起戰
　　　　端。今日的辦法不是沒有條理，仍堅持查辦之說於今日是
　　　　不合適的，對談判也是無益的。

中方大臣：不是我們拒絕辦法，考察一下雙方情況，此事我們是可以
　　　　辦的。我們覺得換個角度考慮，牽強的按照貴國的意圖的
　　　　話確實不是辦法。今日所提出的賠償之談，若不查辦則難
　　　　以詳細回答，卻說我政府不辦。

大久保：過去的五日論辯已經結束，已經該談論回國之事。所以今
　　　　日的兩便辦法，是改變前論，以和好爲目的。但今日所說
　　　　查辦等事，我認爲好像不是辦法。

沈桂芬：查辦生番之事如果不經過一定順序，對於我國來說則會失
　　　　去顏面。

大久保：既然如此那該如何來做呢？

沈桂芬：前往生番實地去查辦，籌劃將來保護難民的方法。

大久保：如不如此前述之事就不能做嗎？

沈桂芬：我們的意思是不去生番查辦是不可以的，請容我們向親王和文祥等申告後，在回復貴大臣的問題。

大久保：既然如此領教四位大臣的意見，不然就失去了和各位大臣談判的意義。

沈桂芬：我們認爲不可。今日直接拿出償金的事情，事關我政府臉面的問題，難以立刻回答。

大久保：本大臣回國日期已經臨近，本來以今日爲期和貴大臣相商，還要不得不與親王和文中堂商議，前述之事可否的決定，請於明日後日兩天給予回答，不再聽其他的議論。〔註42〕

此次談判，大久保首先宣稱這是一次關乎兩國友好的重要會議，決定的事項不可更改，圖謀迫使清政府做出最後的讓步，明顯表示出對繼續談判下去極不耐煩的態度，而且直接提出自己對兩便辦法的觀點，聲稱中國方面曾提出的日本首先撤兵，中國將來再對生番加以處分之說，決不是兩便辦法，指責其爲清政府單方面有利的辦法。同時表示了日本認爲的兩便辦法：「我政府討蕃的目的是保護人民、開化蕃民、以維護將來航海者的安全爲大義」，「耗費巨大，蕃民不能補償的話，貴政府便有補償的義務」，「傷亡者的祭資且不說，修建軍營及士兵的糧食等所需非常巨大。」〔註43〕

如此一來，清政府就需要做兩件事，即承認日本的義舉和巨大的軍費。總理衙門大臣在當時表示對日本出兵之事不予追究，這是清政府方面做出的善意和退讓，因爲按照清政府最初的做法是要詰問日本出兵理由的，既然兩國都想尋求「兩便辦法」那就權且當作日本最初不瞭解番地所屬問題，不知者不怪，不再加以追究。很顯然，不追究出兵理由只是爲尋求和解所做出的退讓，並非是對日本爲琉球人問罪的認可。大久保將賠償作爲兩便辦法，要求中國直接接受。總理衙門大臣認爲此事需要繼續商議，雖然中國已經決定用撫恤來換取日本的退兵，但是對於賠償金額和名目也還是有必要再商量，

〔註42〕（日）《單行書・使清弁理始末・完》，JCAHR：A04017223600。
〔註43〕（日）《單行書・使清弁理始末・完》，JCAHR：A04017223600。

因爲此兩件事爲「兩便辦法」的重要內容，無論哪個國家都不能簡單做出允諾，所以沈桂芬推說需要查辦之，向恭親王申告後才可回答，並未在當時輕易做出答覆。

五、清政府妥協以撫恤換撤兵

10 月 20 日，大久保全權辦理大臣、柳原全權公使、太田鐵道權頭、鄭永寧外務一等書記官、金井之恭權少內史等，前往總理衙門，與總理衙門大臣文祥、董恂、沈桂芬、成林等進行第六次會談。《使清辦理始末》中詳細記載了會談的具體情況：

　大久保：前天四位大臣來到弊舍，當時本大臣談了關於兩便辦法的
　　　　　意見。覺得和親王與各大臣協議後，應該有明確的答覆，
　　　　　於是本日特地前來領教。特別是昨天接到照會，今日能夠
　　　　　和各位大臣一同相見，希望能得到可否的最終決定。

　文　祥：正如昨天照會所說，前天四大臣告知的事情我是同意的，
　　　　　但貴大臣說過以兩便辦法解決，我認爲這對本國政府來說
　　　　　可是大大不便。本大臣認爲，僅就事情本身來討論，應結
　　　　　束不必要的雜論，以達到雙方和好爲目的。

　大久保：本大臣認爲前天所闡述的便爲兩便的辦法，況且討蕃之事
　　　　　本來是我國政府上下協議後才著手的，決不可中途停止。
　　　　　正如前日所說，如果貴政府想要擁有此地，對於我國有義
　　　　　務，便是理所當然的。況且也可聽聽貴政府的意見，本大
　　　　　臣認爲這就已經是兩便辦法了。

　文　祥：對於今日貴大臣的高論本人並不想辯駁，主要以和好爲宗
　　　　　旨。但是在此之前也說過，貴大臣所言是否眞實呢？如果
　　　　　貴大臣果眞希望出現結局，就請將貴國的不便詳細闡述一
　　　　　下，也能傾聽一下我們的不便。

　大久保：貴政府所說的不便，本大臣不敢相信。看不出貴政府有何
　　　　　不便，貴大臣的談話似乎並不屬實。

　文　祥：如果說有難處可能未必曉解，但確有其事，此事過後有各
　　　　　位大臣向貴大臣陳述，首先想傾聽一下貴國的不便。

大久保：既然如此，就將我國政府有所不便不得不說之事說明一下。

文　祥：貴大臣不必再詳細述說，前日四位大臣已經將貴大臣的意
　　　　思詳細轉達給我了。貴大臣和我坦誠地將心裏表達出來，
　　　　互相吐露實際難處，和平地商量一下，這才是彼此容納的
　　　　方式。

大久保：前日在旅館時，已經說過的話是本大臣的肺腑之言。我國
　　　　政府討蕃的義務在舉國上下都曾發過誓言，不可中途停
　　　　止。而且費用皆是出自國民，若想讓我們退兵，也需對人
　　　　民有個交代，使本國政府達到滿足的程度。

文　祥：雖然貴大臣的撤兵方案已經很詳細了，但正如昨天所陳述
　　　　的那樣，如果不先對生番查辦的話，於我國政府確有不便。
　　　　既然貴國是為了義務而來，我國政府也不能不對人民盡義
　　　　務。現今向我國屬地派遣軍隊還需要我國賠償，以此來換
　　　　取貴國退兵，這對我國來說太無顏面了。所以不經我國政
　　　　府查辦後無法讓人民出錢賠償。貴國的討番之義舉我國政
　　　　府如果認同的話，貴國豈不為義而來，為義而歸呢？這不
　　　　是聖明之舉嗎？

大久保：經過貴政府的查辦，如果難於說出賠償的話，那將如何呢
　　　　？一切都難以預料。查辦後雖然說一定處分，但其後用何
　　　　方式來處理，卻不得而知。

文　祥：因為剛剛病後初愈，談話可能會有不周全之處，特以書面
　　　　文字加以陳述，請過目。

（此時文祥拿出一紙文稿）

文　祥：此書是答覆貴大臣的書信。貴國此舉對於我國來說是極為
　　　　恥辱之事，對此就不再多加議論了。現在貴國政府如果為
　　　　義而來為義而歸的話，其後可向貴國陳報事情處理的結
　　　　果，今日有書信在此可以相信。希望深刻瞭解難以面對天
　　　　下人民的苦衷。

大久保：拜閱了貴書信，也領悟了貴大臣的意思。但如此一來不就
　　　　又返回到前面所說的屬與不屬之辯嗎？繼續討論此事是徒

　　勞無益的，貴大臣不也是同意了嗎？因此想瞭解一下將來
　　的辦法。

董　恂：正如前天所說，待查辦後便可報知。

大久保：查辦的方法以及查辦後如何報知呢？

沈桂芬：查辦在撤兵後進行，我國政府也像這樣報知，絕不會違約
　　反悔。

大久保：我國撤兵後查辦與報知會達到什麼程度呢？

沈桂芬：貴國撤兵後的查辦方式是，加強人民對外國的友好教化，
　　難以對貴國軍隊賠償。但我大皇帝可以補償貴國的難民，
　　請體察此意並予以考量。貴國撤兵後我國政府決不做有異
　　議的事。

大久保：可否以文字記述？

文　祥：應該以文字陳述，但我國大皇帝的補償難以用文字記載，
　　具體金額現在還很難明確。貴國退兵後，我國皇帝可向難
　　民提供補償，這就好像貴大臣拿著劍來談判，事情很難談，
　　放下劍來談判，事情就很容易一樣。這是本大臣的心裏話，
　　貴大臣也許不理解。我國本來對貴國的義舉沒有異議，也
　　知道賠償金額，只是現在不便說，貴大臣也不應該說，我
　　們還是以名義為重。

大久保：那樣的話是貴國的便宜，對於我國而言，上難對政府下難
　　對人民有所交代，將難以撤兵，我國政府決不是希望金錢。

沈桂芬：貴大臣的高論也有道理，所陳述的情況也已瞭解，但如能
　　體察一下我國的不便，我政府必能格外地去處理此事。具
　　體賠償金額確實恐怕外泄，請予諒解，這是格外的處理方
　　式。說數目不明確就難以撤兵就難辦了。

大久保：沒有此等事情，償付金額不明確難以承允。貴政府如果未
　　有明確的答覆我該如何向皇帝復命呢？又以什麼面對我國
　　人民呢？貴大臣所說的是貴國之便，如此的兩便辦法肯定
　　不會是解決辦法，我已經再三請求明確的給予答覆。（此時

　　　　拿出文件）

大久保：領教了四條方案，但對於我國來說，經過充分考量，謀求
　　　　兩便的辦法。但貴國政府卻破壞此方法，我們絕對難以如
　　　　此就撤兵。沒有確鑿的證據的話，即使我承認，本國政府
　　　　和人民也難以承允。正如本月五日通告那樣，貴政府如果
　　　　不想和好，我將非常遺憾，不得不停止談判回國。

沈桂芬：不能說拿不出證據，本日談話中就可以公文的形式明確稟
　　　　告，貴大臣空無憑據地說回國不是解決問題辦法。（中略）

大久保：有緊急的事可於明日面商，如果有所不方便也希望明後日
　　　　也必須面商。

沈桂芬：明日和恭親王商量一下，請告知何時能來衙門，希望明日
　　　　午後兩三點鐘，鄭永寧能來衙門。

大久保：可以，希望明日即可面晤。〔註44〕

　　總理衙門大臣們在此次交涉中，提出了四條解決方案，希望以此平息中日間的衝突，中國政府拿出的四條方案是：

　　　（一）貴國從前兵到臺灣藩境，既係認臺藩為無主野蠻，並非明知是中國地方而加兵。夫不知中國地方加兵，與明知中國地方加兵不同，此一節可不算日本之不是。

　　　（二）今既說明地屬中國，將來中國於貴國退兵之後，中國斷然不再提起從前加兵之事，貴國亦不可謂此係情讓中國之事。

　　　（三）此事由臺番傷害漂民而起，貴國兵退之後，中國仍為查辦。

　　　（四）貴國從前被害之人，將來查明，中國大皇帝恩典酌量撫恤。〔註45〕

　　以上內容表示了腐朽的清政府妥協和懵懂已到了極至。將日本盡速退兵為首務，在此前提下，不得不承認已經無法扭轉的、日本出兵並佔據臺灣番地的現實，自己卻放棄了正當的立場，不僅未就日本出兵臺灣加以責斥，更

〔註44〕　（日）《單行書・使清弁理始末・完》，JCAHR：A04017223600。
〔註45〕　（日）《大日本外交文書》第七卷，第289頁。

為關鍵的是，竟被對方計謀所牽制，不加區別地將被害人說成「貴國」的屬民，沒有明確限定是小田縣人，而非琉球人。讓日本人又抓住可以延伸解釋的口實，成為了清政府承認琉球人是日本屬民的證據，為日本吞併琉球埋下了伏筆，再一次中了日本的下懷。

翌日，日本的鄭永寧書記官來到總理衙門，與各位大臣就具體的賠償問題進行了一番交涉，主要話題是賠償金的總額及其名目等。

鄭永寧：昨日沈大臣告知我國辦理大臣，請本人今日前來，故應約而來，不知有何事相告？

周家楣：沈大臣因為有事不得不出去，命本人先暫時與您談談。昨天大久保大臣所說的金額，希望多少數量為好呢？今天可直接向我說明。

鄭永寧：顧慮貴政府的名義，辦理大臣還未最後決定數量，請先詢問貴政府答應的數目，是否適合我國的要求，可用書信確認。

周家楣：您可知大概的費用？

鄭永寧：據我辦理大臣所說，現今實際花費總額是五百萬美元，除去購買戰艦器材的費用二百萬美元，番地的實際費用是三百萬美元。因此貴國政府名義之事可像昨日商議那樣處理，三百萬的數目不能有所增減。（中略）

沈桂芬：本衙門的宗旨是以兩國和好為主，採取此種辦法就是為保存雙方的體面，希望不以兵費的形式來表述。但是除暴安良的詞句出現在前面的話，和好之意何在呢？

鄭永寧：這是敍述本國出兵的意圖，不是加入辦法中的詞句，不應該指責此事。只是辦理大臣為了保護兩國今後的和好，以免引起本國政府和人民的非議，是平息軍民情緒的辦法。因此只要賠償數目確定適合本政府的要求，當然就不存在其他麻煩了。

沈桂芬：我國皇帝所說的撫恤，是為救助難民的優待，自己雖然有數，但是貴國所稱的計算兵費賠償之事，外國看來和我國體有極大關係，所以數目難以預定。

周家楣：據傳說貴國實際耗費不是五六十萬嗎？

鄭永寧：不知這是何人之說，此舉耗費很大，番地之事不是他所能知道的。

沈桂芬：貴國此舉我國耗費也很大。

鄭永寧：我辦理大臣說過，我國政府出於保護人民的義務進行的此舉，故本來無暇計算費用，但是既然爲了兩國和好，進行商議兩便的辦法，時至今日，已經逗留日久，考慮到兩國生靈塗炭的苦難，不管昨天交涉之事成否，明日應該再次晤談，問過諸大臣方便的時間，我便告辭。（後略）〔註46〕

　　此次交涉中，總理衙門大臣們採取的對策並無太多不妥之處，而且也努力地作了爭取，但仍然難抵日本的狡點。儘管他們知道事情的結局難逃賠償一劫，但並沒有完全聽其自然，他們基本上是步步爲營，充分利用談判的機會盡量減少賠償數額，並將其性質定義爲撫恤難民。中國提出日本應該義成而退，由中國皇帝賜給難民撫恤金。但是息事寧人的態度與防範心理薄弱的結果，還是被日本誘導到軍費開支問題上，與日本談起了軍費實際耗費數量上。雖然最初主張金額不得表明，但被日本所堅決反對。儘管中國爲早日平息事態的目標而努力，但是日本避實就虛地引誘中國官員誤入他們設計好的圈套，同時利用中國息事寧人的態度，騙取中國承認日本是義舉，並不滿足於中國撫恤難民的簡單賠償方案，還得寸進尺地要求賠償日本軍費開銷，並明確在文件中表示。

　　10月23日，日本全權辦理大臣大久保利通、全權公使柳原前光再次來到總理衙門，中國的大臣文祥、毛昶熙、沈桂芬參加，雙方開始第七次談判，繼續就賠償方式進行再次辯論：

（前略）

沈桂芬：對於近來貴大臣提出的兩便辦法，我們陳述了四條方案，貴大臣和柳原大臣可協議一下。正如以前所說，貴國爲義而來爲義而歸，我們並不是不出金錢。我們也瞭解貴國耗費了巨大的費用，閣下來京後也屢屢地懇談，希望事情結束以便回國。恭親王等互相進行過協議，撫恤和兵費數目

　　到底還是有著極大不同，國內議論紛紛。至於兵費補償，
　　畢竟與我國名分有關，因此我國撫恤的數目和貴大臣的意
　　思差別很大，所以很難在書面上記載。

大久保：本是為和好而進行商議，知道貴大臣也是十分希望和好的，
　　　　但是本大臣得到明確的證迹，不得不回朝復命。如果數目
　　　　和約定書還未有，只是空言模糊的話則難以復命。特別是
　　　　像如此重大的事件，兩國間連一紙約書都沒有的話，當然
　　　　是不可能的。如果換個角度考慮的話，也應該理解。雖然
　　　　討蕃之舉已經多次陳述，但是如按照貴政府的要求撤兵的
　　　　話，貴政府也應承擔應盡的義務，這是毫無疑問的。請貴
　　　　大臣加以考慮。

沈桂芬：本來為了兩國和好而表示撫恤，但是貴大臣在前天的書信
　　　　中卻提到賠償金，這是不符合雙方友好的主張，而且金錢
　　　　的數目取決於皇帝的意願，現在做臣子的無法決定。貴大
　　　　臣如果顧慮和親國之友誼的話，能夠要求賠償不要撫恤
　　　　嗎？特別是雙方金額不符合的話將更是難事。

大久保：貴大臣本來曾說過待查辦生蕃後再解決，本國政府承擔的
　　　　義務，本來應由貴國政府來承擔，所以請求貴國補償費用。
　　　　但貴政府卻不贊同，藉口有難處只以恩典的名義來處理，
　　　　我們同意了此種說法，現在又說金額不符合難以定約書，
　　　　貴大臣之言如果如此的話，本大臣決難接受。

沈桂芬：現在請問一下別的問題，貴大臣認為處分番民之事，對於
　　　　中國來說是理所當然地接受還是不得不接受呢？

大久保：此次本國討蕃之義舉，自五月以來就一直和貴國交涉屬於
　　　　不屬的辯論之中，結果也未見分曉，並於五日後又出現兩
　　　　便辦法，於是有今天的局面。正如所詢問的那樣，再回溯
　　　　以往毫無益處。我國政府本不貪圖蕃地的土地，已經按照
　　　　貴政府的要求捨去以往的爭論，討論將來的事情。

沈桂芬：關於費用之事，我想，交際上討論費用問題好像很不得體，
　　　　今日之事以和親交際為第一，費用問題為次。公然要索費

用恐怕對貴國體面不利吧？

大久保：這是貴國的想法，讓出土地撤退軍隊之事，如果說名目不好那是什麼說法呢？本大臣難以理解。以往所論的屬與不屬之事未曾有結論，貴國將其說成是貴國所屬，本大臣是難以認同的，這是將來也不可確定的。然而連日來就辦法一事，按照貴大臣的要求，接受了名義之說。我國政府耗費了巨大費用，傷亡了許多士兵，艱難程度難以言表，結果卻是半途而廢，貴政府坐享其成也不會安心。我國最初為義而來，現在按照貴政府的要求，為義而歸。因此蕃民所承擔的義務由貴國政府來承擔，我政府不得不義成而退，我想貴政府應該改變以往，謀劃將來。但是卻出現好像要求承認蕃地歸貴國所屬的說法，實在是出乎意外。本大臣也曾顧及體面，痛快地做出不少退讓，但是貴國所提出的四條方案，本來可依據我國授予我獨立權力直接駁回，但是卻未那樣做。本來到了五日的談判不日將可回國，討論辦法的截止日期是今天，然後便可為繼續處分蕃地，更加擴大當初的目標，本事事先告知貴大臣。

沈桂芬：本來兩便辦法非我國所要求，是貴大臣來信提出的，雙方才進行到現在如此的局面。和恭親王商談之後，我曾經吐露了心裏話，經過商議我們提出了四條方案，並認為是兩便的辦法，於是向貴大臣告知。沒有貴大臣地同意不能終止，我政府認為除了四條之外，關於經費的名目問題不需要再商議了。將蕃地看做無主野蕃的說法，正如我所陳述的那樣，蕃地是我屬地的主張也告知過。

大久保：四條辦法是貴國之方便，非我國方便，皇帝陛下撫恤之說太茫然，不記載具體數目，本大臣無法相信。蕃地是其屬地之說已曾領教過，我最終還是不能認為是貴國所屬。特此通告本國將貫徹最初的目的。〔註47〕

　　大久保在談判中，既不承認對中國主權挑戰的失敗，又想迫使中國明確

〔註47〕（日）《單行書・使清弁理始末・完》，JCAHR：A04017223600。

表示出軍費賠償的退讓。自己毫不讓步，卻讓對方做出無盡的退讓，這是絲毫不講求外交規則的蠻橫，也是國際交往中無法接受的自我至上行為。且不說當時的中國官員仍然受到傳統的影響，習慣於皇帝撫恤受難弱者的思維和做法，即便是今日的國際交往，也沒有哪個國家願意接受對方的咄咄逼人和一味索取，以及根本不妥協的談判。此種做法不僅傷害對方的感情，而且打亂了國際交往的環境，最終必然是導致某個國際行為體私欲極端膨脹，雖然其本身的利益一定程度上可以得到實現，但卻在長遠的國際關係上將會陷於孤立。

大久保雖然在談判時，做出了談判破裂準備回國的姿態，但仍不想就此徹底放棄談判。因為截至目前，日本已經獲得了對自己有利的條件，比如中國已經不再追究日本出兵的理由，日本為獲得片面利益，就可以將其解釋為日本出兵是義舉行為，甚至可以繼續延伸解釋為中國對琉球歸屬日本的認可。既然中國答應可以撫恤難民，就有可能將其名義改稱賠償軍費。諸如此類，日本已經獲得了中國一定的讓步和利益，只是尚不能滿足日本貪得無厭的奢欲。此時此刻，即使不能再獲得更多的要求，也要堅守住既得的利益，所以大久保並非真的想放棄談判，只是想以此獲取更多而已。

於是，大久保在第七次會談停滯狀態下，為了達到使清政府同意日本要求的目的，向威妥瑪伸出了求助之手，10 月 24 日，大久保主動拜訪了威妥瑪，做出了邀請威妥瑪助其索償的請求：「上次見面後，曾與中國進行了兩次交涉，先將其情況告知貴公使。過去的十八日，中國的董沈等四大臣來到我們所住旅館，交談間，向他們詢問了解決的方法，他們不先回答，反問我的方法。正如前日曾經大致告知的那樣，我國的討蕃之舉開始就有政府的目的，自然蕃人對於我們就有應盡的義務。既然中國接受了此蕃地就應該承擔此義務，這是理所當然的道理，所以告知他們應該承擔其義務。」〔註48〕

威妥瑪於是向大久保詢問日本國要求中國承擔何種義務。大久保明確表示：「我國要求的就是此次行動的費用」。〔註49〕然後便開始指責中國「聲稱非經查辦生蕃之後無法應允」。〔註50〕並埋怨總理衙門以「恭親王不在，尚需詳細討論為由來回復」。認為「雖然恭親王仍然不在，但文祥等各位大臣皆在

〔註48〕 （日）《單行書・使清弁理始末・完》，JCAHR：A04017223600。
〔註49〕 （日）《單行書・使清弁理始末・完》，JCAHR：A04017223600。
〔註50〕 （日）《單行書・使清弁理始末・完》，JCAHR：A04017223600。

現場。當日的討論和前日四位大臣的意思一樣」，〔註51〕所以「如果答應我國的要求需要在查辦後才能實施，實在是出乎意外」。〔註52〕並且埋怨中國堅持先撤兵，後提出將「皇帝救助琉球難民施以恩典的名義來補償」〔註53〕的意思「在書面記載」的主張。

威妥瑪進一步追問說：「如此說來，如果中國像貴大臣所說的那樣去做，將此意思記載書面，呈給貴大臣之時，馬上撤兵就是貴大臣的權利之內的事了？」〔註54〕大久保回答說：「當然，如果中國將此意的具體事項明確寫在書面上，我國也會按照期望訂立條約，屆時，撤兵之權即在本人的使命之內。」〔註55〕

從上述內容來看，大久保向威妥瑪表明了未得書面答覆難以回國，並且表示可少拿賠償金〔註56〕之意。因為威妥瑪所代表的英國利益是日本撤兵，只要日本撤兵就不會影響英國眼前和今後此地的商業利益，所以威妥瑪發現了插手的機會。於是他向中國施壓要求順應日本的要求，10月25日，威妥瑪赴總理衙門，力勸中國接受日本200萬兩恤金的要求。總理衙門擔心日本鋌而走險，威妥瑪轉而支持日本，致使結果對己不利，於是告知威妥瑪撫恤「數不能逾10萬兩」，並欲將日本「在番社所有修道建房等件」，權且留做中國之用，給付費用「銀40萬兩，」共計給付日本金錢數額「不得逾50萬兩」。〔註57〕

六、承認出兵為保民「義舉」北京專約簽訂

威妥瑪在得到中國的退讓底線後，立即前往大久保住所，將中國的妥協結果告訴大久保。〔註58〕就在當晚，大久保回訪威妥瑪。雖然對中國給付的金錢數額未再加以糾纏，但又提出了三點要求，〔註59〕並稱缺一不可，而且

〔註51〕（日）《單行書・使清弁理始末・完》，JCAHR：A04017223600。
〔註52〕（日）《單行書・使清弁理始末・完》，JCAHR：A04017223600。
〔註53〕（日）《單行書・使清弁理始末・完》，JCAHR：A04017223600。
〔註54〕（日）《單行書・使清弁理始末・完》，JCAHR：A04017223600。
〔註55〕（日）《單行書・使清弁理始末・完》，JCAHR：A04017223600。
〔註56〕（日）《大日本外交文書》第七卷，第299頁。
〔註57〕《同治甲戌日兵侵臺始末》，第177頁。
〔註58〕（日）《大日本外交文書》第七卷，第306～307頁。
〔註59〕三點要求是：第一、中國政府承認征番一事為義舉；第二、消除從來有關征番一事的爭論；第三、以十萬兩撫恤難民，四十萬兩作為斬荊鋤棘，築路修房之費，在撤兵前由中國政府支給。參見東亞同文會編：《對華回憶錄》，第64頁。

聲稱第二天 12 時以前，務必獲取清政府同意與否的答覆。顯然，這是強力貫徹自己要求、不給對方留有轉圜餘地的態度。威妥瑪考慮到如此短暫時間就是文字修改也很倉促，於是建議大久保將時間推至下午 2 時，後又在威妥瑪的勸說下，將期限定在了下午 4 時。

大久保在英國公使館，與威妥瑪商量條約書面的內容。大久保堅持要在有明確書面答覆的前提下，方能撤兵，可見他格外重視中國在條約中的寫法。他們對清廷總署大臣擬的四條方案進行大幅度修改，首先刪除了日本承認臺灣番地為中國所屬地的部分，以及中國皇帝恩典酌量撫恤的文字。按照自己意思填寫上「日本國屬民」、「保民義舉」等詞句。經大久保修改後的議案內容為：

> 惟因各國人民有應保護不致受害之處，宜由各國自行設法保
> 全。且以臺灣生番曾將日本國屬民等妄為加害，日本國本意為該番
> 是問，遂設義舉遣兵往彼，向該生番等討責。今議數條開列於左。
>
> 第一，日本國此次所辦義舉，中國不指以為不是。
>
> 第二，所有前經遇害難民之家。中國議給撫恤銀款十萬兩外，
> 又以日本國修道建房及在該處各項費用銀四十萬兩，亦議補給。至
> 於該處生番，中國亦宜設法妥為約束，以期永保航客不能再受凶害。
>
> 第三，所有此次往臺之舉，兩國一切來往公文彼此撤回註銷，
> 以為將來罷議之據。其所議給銀合共五十萬兩內，將一半先行立為
> 付交，其餘一半即應妥立憑單。一俟此項銀款付交及憑單給過後，
> 遂將日本在臺之軍師立行撤退回國。〔註60〕

威妥瑪與大久保於 10 月 25 日擬定的條文〔註61〕，肯定了日本出兵往臺是義舉，該處生番中國宜設法管理，等於只承認中國的管轄權，迴避了中國對其擁有領土主權的意思，主要目的是維護日本對臺出兵的正當性。大久保按照自己的意思修改完條約後，對華氣焰格外囂張，聲稱決不可更改書面內容，否則日本便會宣佈談判破裂。〔註62〕為了繼續向中國施加壓力，九月十七日（10 月 26 日），他又派柳原前光向清廷總署告辭。〔註63〕

〔註60〕（日）《大日本外交文書》第七卷，第 210 頁。

〔註61〕《日本外交文書》第 7 卷，第 310 頁。

〔註62〕（日）《大日本外交文書》第七卷，第 307～310 頁。

〔註63〕（日）《大日本外交文書》第七卷，第 310～311 頁。

　　此稿經威妥瑪轉交給總理衙門，〔註 64〕總署爲了顧及英國公使的面子，也爲了儘早結束漫漫長談，並未深究其義舉的意思，只是在大久保與威妥瑪方案的基礎上略作修改，主張賠償分爲兩部分，兵費賠償的說法還是難以接受，改爲「日本退兵在臺地所有修道建房等，中國願留自用，准給費銀四十萬兩」。10 月 27 日，恭親王奕訢等致書大久保，表示：「本王大臣等自無不能辦理之處」〔註 65〕，於是中日《北京專條》就誕生了。可見，由於《北京專條》主要出自大久保與威妥瑪之手，中日雙方並未就條約中的具體表述進行過仔細而深入的討論，交涉過程中中國並未放棄的對琉球主權，在《北京專條》中也未有明確的界定，所以，對於「保民義舉」之類即是放棄琉球主權的解釋，僅是日本或是站在日本一方的曲意理解，有違歷史的客觀。僅從《北京專條》的條文，無法準確地理解日本出臺侵臺的眞正實質，及其對近代中日關係的影響。

　　大久保接受了清政府的修正稿，此稿成爲雙方簽訂的北京專條的正式條約。10 月 30 日，中日雙方以威妥瑪爲證人，互換了北京專條和會議憑單，其內容如下：

　　　　大清欽命總理各國事務和碩恭親王、軍機大臣大學士管理工部事務文、軍機大臣協辦大學士吏部尚書寶、吏部尚書毛、戶部尚書董、軍機大臣兵部尚書沈、工部尚書崇、頭品頂戴兵部左侍郎崇、理藩院右侍郎成、三品頂戴通政使司副使夏，大日本全權辦理大臣

〔註 64〕 王慶成在《英國起草的「中日北京專條」及與正式本的比較》中，還抄錄了一份文稿。是威妥瑪與大久保商談時的英文紀錄稿的漢譯稿，可見威妥瑪對《中日北京專條》的參與程度。文稿爲：惟因各國人民有應保全不致受害之處，宜由各國自行設法保全，且以臺灣生番曾將日本國屬民等妄爲加害，日本政府本意爲該番是問，遂設義舉遣兵往彼，向該生番討責。今議數條開列於後：一、所有前舉，日本國此次所辦義舉，中國不指言責爲不是。二、所有前經遇害難民之家，中國願議給撫恤銀十萬兩外，又願以日本國修道建房及在該處各項費用銀四十萬兩，亦以補給。至於該處生番，中國亦必宜設法妥爲約束，俾免不致再爲滋害，以期永保航客不能再受凶害。三、所有此次遣義兵之舉，兩國一切來往公文，彼此撤回注銷，以示和誼示罷議之念。其所議給銀合共五十萬兩，內將一半先行立爲交付，其餘一辦亦即妥立憑單，一俟此項銀款付交及憑單給過後，遂將日本在臺之軍師立即行撤回國。參見王慶成：《英國起草的「中日北京專條」及與正式本的比較》，《近代史研究》，1996 年第 4 期，第 83〜84 頁。

〔註 65〕 （日）外務省編纂：《日本外交文書》（第七卷），第 312〜313 頁。

參議兼內務卿大久保，爲會議條款互立辦法文據事：照得各國人民有應保護不致受害之處，應由各國自行設法保全，如在何國有事，應由何國自行查辦，茲以臺灣生蕃曾將日本國屬民等妄爲加害，日本國本意爲該蕃是問，遂遣兵往彼，向該生蕃等詰責。今與中國議明退兵並善後辦法，開列三條於後：

一、日本國此次所辦原爲保民義舉起見，中國不指以爲不是。

二、前次所有遇害難民之家，中國定給撫恤銀兩，日本所有在該處修道建房等件，中國願留自用，先行議定籌補銀兩，別有議辦之據。

三、所有此事兩國一切來往公文，彼此撤回註銷，永爲罷論；至於該處生蕃，中國自宜設法妥爲約束，以期永保航客不能再受凶害。〔註66〕

又互換會議憑單如下：

大清欽命總理各國事務和碩恭親王（以下衙門諸大臣九人連名），大日本全權辦理大臣參議兼內務卿大久保，爲會議憑單事；臺蕃一事，現在業經英國威大臣同兩國議明，並本日互立辦法文據。日本國從前被害難民之家，清政府先准給撫恤銀十萬兩；又日本退兵，在臺地所有修道建房等件，中國願留自用，准給費銀四十萬兩，亦經議定。準於日本國明治七年十二月二十日，日本國全行退兵，中國同治十三年十一月十二日，中國全數付給，均不得愆期。日本國兵未經全數退盡時，清政府銀兩亦不全數付給。立此爲據，彼此各執一紙存照。〔註67〕

小結

中日間經過七次談判都無果而終，最終還是轉由外國人居間調停，才使中日間的第一次外交事件有了一個形式上的結束。日本玩弄撤兵換賠償的策略，是圖謀中國承認日本出兵臺灣爲義舉的口實。英國公使關心的是日本是否撤兵，只要日本撤兵英國就會滿意，哪管其他方面的妥協，何況又不是自

〔註66〕《同治條約》卷二二，第7頁。
〔註67〕（日）《大日本外交文書》第七卷，第316～318頁。

己遭受什麼損失，因此由他來做裁判得出的結論不會有利於中國，苦果只好由清政府來吞下，清政府也只能接受一再退讓的結果。最後中方接受了日方面提出的條款。

　　另外，當時的清政府過於看重外國人的調停，輕易地便將交涉主動權交給了別人，自己只好做出更大的退讓。本來清政府如果將自己的主張堅持到最後的話，日本也將不得不妥協。大久保雖以決裂恫嚇清廷，在自己的日記中卻惶恐地寫道：經仔細考慮，此次奉命任務，實為極不易之重大事件。如談判不得終結，就此歸朝，則使命不完成，固不待論。而最可憂者為國內人心，以事情迫切，有戰爭朝夕可至之勢。如人心無法收拾，戰端終於不得不開之期，可以立待。若然，不但勝敗之數固然可俱；且我無充分宣戰之名義。柳原公使覲見雖遭拒，但僅此殊不足以言戰。若然，勢必至無理開戰。屆時，不但人民有議論，且將受各外國之誹謗，蒙意外之損害，終而招致損及我獨立主權之大禍，亦不能謂其必無。然則和好了事，原為使命之本分，故斷然獨決。〔註 68〕可見，大久保正急於結束談判，而清廷則沒必要為早日達成條約而讓步，枉失國家利益。

〔註68〕　（日）《對支回顧錄》上卷，第 91～92 頁。

第十四章 日本單方面吞併琉球設立「沖繩」

日本通過 1874 年出兵侵略臺灣，以強權與軍事並用的手段，壓迫清政府立約，確保釐清中琉關係的「保民義舉」成立，並攫取了大筆的賠償金，為實際吞併琉球獲取了條件。特別是此時期清政府正也忙於中法越南交涉、中俄伊犁交涉等事，沒有更多的精力用於琉球之事。只有時任清駐日公使何如璋與日本進行交涉。何如璋建議清政府採取強硬措施，包括派軍艦前往琉球、與琉球共同抗擊日本侵略、依據國際約法請各國評理等，以保全琉球、保障臺灣地區安全。但由於清廷只同意與日本交涉、不願出兵，日本遂不顧中國反對，不斷向琉球施加壓力，最後直接出兵佔領琉球，強行改琉球為沖繩縣，單方面吞併了「琉球國」。

一、日本實質斷絕「中琉」的藩屬關係

日本在侵略臺灣的同時，也加緊了「吞併琉球」計劃的實施，在日本侵臺大軍尚未出發的 1873 年 3 月時，就向琉球下達了「新律綱領」，並將死刑以上的刑罰，轉到日本司法省，將司法權納入到手中。

3 月 31 日，負責改置府縣概表的大藏省，向日本政府提出在府縣概表重新規劃之時，將琉球藩放在鹿兒島縣之末，視為國內一般府縣。

而在加緊與清政府談判的同時，並沒有放鬆對「琉球」的吞併措施的實施，8 月時，又向琉球下賜了銅製「琉球藩印」一顆。

1874 年日本與中國簽訂的《北京專條》，使日本的侵略行徑，變成「保民

「義舉」的正義行爲，不但獲取了經濟上的賠償，還使日本獲得了獨佔「琉球」的國際法論據。

在條約簽訂協商之時，日本就開始行使對琉球的主導權，利用將琉球人遺骨送回之舉，來昭示其對琉球的宗主地位。〔註1〕

而大久保利通爲了獲得更多吞併琉球的國際法支持，回到日本後，便向政府的法律顧問瓦爾索納德（Boissonade）詢問日本將琉球納入領土範圍是否符合國際法、日本如何擴大其在琉球的權力及如何處理琉球與中國的關係等。

瓦爾索納德回復認爲：因中日臺事條約中所說的「日本國屬民」是指琉球人，所以中國應該承認日本對琉球的主權。但從實際情況來看，不宜急劇地對琉球施加壓力，可在租稅、兵事、審判等方面，依然保留一些獨立性，以取得居民的信任爲上策；承認現在的藩王，逐漸增加內地之人，在此之前，可首先派駐理事官，使之監察島政，創辦配備直接有利於島民生活的燈塔、電訊等事業，若將之作爲理事官所直接負責的事務，其駐在名義即可合理化。

另外爲了增大日本領有琉球的客觀性，要注意在日本的地圖中，必須繪有琉球，並要促使藩王進京，使之對政府保護表示謝忱。而在如何處置中琉關係問題上，應該廢止琉球對中國的獻納貢物，及派遣慶賀使等臣屬性的行爲。然而是強制琉球實施，還是由日中兩國政府充分交涉而實施，則仍有研究考慮的餘地。〔註2〕

大久保綜合瓦爾索納德的意見，向太政大臣三條實美，提出了有關處置琉球的新建議：

> 是ハ日琉球藩ヘ新律頒領ヲ下付ス達文左ノ如シ
>
> 　　　　琉球藩
>
> 刑典御再撰中ニ候間成就ノ上御下渡可相成候得共差向當分ノ律書並ニ二郎渡邊並候條刑官右ニ基キ取調可有之候条死以上ノ刑ハ司法省ヘ伺ノ上施行可有之候也
>
> 明治六年三月十二日
>
> 　　　　外務省

〔註1〕（日）《臺灣ニテ暴殺ニ逢候琉球人髑髏同藩ヘ運送ノ儀伺》，JCAHR：A01100060800。

〔註2〕（日）佐藤三郎：《近代日中交涉史研究》，吉川弘文館，1984年，第110頁。

琉球藩歷來爲本朝與中國之兩屬，其人民受本邦保護，其正朔又受之於中國。明治五年，琉球使臣來朝之際，賜以冊封尚泰列爲藩王，但仍未能脫離中國管轄，曖昧模糊，何屬不定，甚不體統。但其數百年之慣習，頑固僻陋，墨守舊章……僅以名分條理論之，決難更動，當漸進積成。此次對清交涉之後，征討番地，使之認作義舉，爲受害難民支付恤銀，雖表幾分爲我國版圖之實，但仍難以達到判然定局，也難免各國異論。值此萬國交際之日，如斯擱置，難料他日不生故障。征番之舉，出自保護琉球難民不得已之義務，費金鉅萬，藩主等人理當深表感激，從速進京謝恩。但因其歷來舊習，恐懼中國，思慮他日，處於知而不知狀態。曾命藩主進京，但其至今不來朝見，萬一託辭左右，不立即進京，則唯有加以譴責。以往用赦，格外處置。此時，宜遣輪船一艘，傳喚其通達時事之二三要人，懇切交談征番始末，使之知曉對清談判曲折，方今形勢，名分條理，歸藩之後，激勵藩王，進京謝恩。倘若此時喚之琉官進京，則應諭示：肅清與中國之關係，在那霸港內，設置鎮臺分營，其餘刑法教育等等，順次改革。至其與美國、法國、荷蘭締結條約之事，難以擱置，政府應從速實施交替手續。」〔註3〕

〔註3〕（日）《琉球藩處分ノ儀伺》，JCAHR：A01100061700；《大久保利通文書》第六卷，第237～239頁。

日本政府接受大久保的意見，召琉球官員池城親方、與那原親方、幸地親雲上等進京，賜蒸汽船給琉球及撫恤米等給琉球，並向他們宣佈：「去年我政府所行義舉，原本爲了琉球人民。維新以來，與外國交涉之事，悉依萬國公法，而琉球藩尚爲兩屬形式，今日若不改革，則將受到中國干涉，且他日滋蔓糾葛之患。我政府有此憂慮，在那霸設置鎮臺分營，以保護琉球人民。又因琉球舟楫之利薄弱，特賜給汽船，亦可支給粟米若干，以救恤難民，宜體此意，再渝藩王入朝。」〔註4〕

召琉球進京，就是要具體施行吞併的計謀，故大久保根據與琉球使者見面的情況，於3月9日，向日本政府再次提出處置琉球的意見：「藩王入朝之事，可暫付他日再議，於官員赴任之後，再加說諭。然設立分營之事，乃是現今當務之急，無暇待其遵命。又如禁止其朝貢清國，撤銷福州琉球館之事，關係頗爲重大，欲全然盡保護之道，粗訂藩治政，漸次推及。據聞，去歲藩王向清國北京派遣貢使，受到優惠禮遇。今又有清帝即位之報，料其必遣慶賀之使，我朝處分琉球，乃歐美各國所注視者，若默許派遣，則與國權相悖……。關係清國之事，欲最終按照政府之目的，頂先確立標準，內定施設順序。」〔註5〕

同時，大久保還提出，禁止琉球隔年向中國遣使朝貢；禁止以清帝即位爲名派遣慶賀使；廢除福州琉球館；禁止琉球接受中國冊封；派遣官員調查琉球改革事項；今後琉球與中國的關係，概由外務省處理等項內容。〔註6〕

根據大久保的提議，日本政府開始計劃在琉球境內派駐大軍，並以最高行政官太政大臣的名義，向琉球藩下達在琉球建立軍營的通知：「琉球藩：爲達成其藩管內的保護，做爲第六軍的熊本分營，將派往那霸港內，故通報建鎮臺兵營社九條事宜。」〔註7〕

〔註4〕　（日）《琉球藩ヘ可下賜汽船並撫恤米ノ儀伺》，JCAHR：A01100108800。

〔註5〕　（日）《琉球藩處分著手ノ儀再上申》，JCAHR：A01100109300。

〔註6〕　（日）《琉球藩處分著手ノ儀再上申》，JCAHR：A01100109300。

〔註7〕　（日）《琉球藩處分著手ノ儀再上申》，JCAHR：A01100109300。

　　為達成從內部改革琉球的政體的目的，日本政府計劃實施與日本境內相同的府縣制度，同時計劃在琉球王上京朝見之時，制定新的朝見規則；年中的各種儀禮要使用明治年號；刑法施行司法省的定律，琉球派出刑法調查人員二三名上京；為改正藩治職制，由內地派駐官員；為學事、修行等相互瞭解，派出十餘名琉球人上京。〔註8〕另外，還將日本發行的各種報紙配送到琉球。〔註9〕

　　5月29日，太政大臣三條實美下令：禁止琉球隔年向清國進貢，或清國皇帝即位之時遣派賀使，今天藩王更替時，禁止接受中國的冊封。〔註10〕

　　在東京的琉球官員對日本單方做出的上述種種「廟議」始終不能接受，故松田道之要求政府「將官吏派至彼地，直接向藩王傳達，現辯論說諭。」〔註11〕

　　1875年7月10日，在大久保利通的直接操縱下，內務大丞松田道之、內務六等出仕伊地知貞馨等，與池城親方等人一同前往琉球的那霸。

　　7月14日，松田道之向琉球王代理今歸仁王子尚弼、攝政伊江王子尚健、三司官浦添親方、池城親方、富川親方等，宣讀日本政府作出的決定：今後禁止隔年向中國朝貢、派遣使節，或清帝即位時派遣慶賀使之例行規定；今後藩王更替時，禁止接受中國冊封；琉球應奉行明治年號，年中的禮儀概當遵照布告行事；為調查實施刑法定律，當派遣二三名承擔者進京；廢止福州琉球館；在琉球設置鎮臺分營；以及要求琉球王進京謝恩，按照另頁追加，實行藩制改革等。〔註12〕

　　而日本所謂的改革，就是完全吞併琉球，其中最重要的就是對琉球政府官員制度的改正，其政府官員官制如下：

〔註8〕（日）《琉球藩處分著手ノ儀再上申》，JCAHR：A01100109300。
〔註9〕（日）《琉球藩ヘ諸新聞紙送達ノ儀伺》，JCAHR：A01100109600。
〔註10〕（日）《琉球藩隔年朝貢ト唱ヘ使節ヲ清國ニ派遣シ或ハ清帝即位ノ慶賀使ヲ差遣シ且清國ノ冊封ヲ受クルヲ止ム》，JCAHR：A03022995400。
〔註11〕（日）《明治文化資料叢書》第四卷外交編，第95頁。
〔註12〕（日）《明治ノ年號遵奉及藩制改革等ヲ令ス附松田內務大丞ノ說明書》，JCAHR：A03022995500。

日本政府所設之琉球官制	
藩王	一等官
藩王爲敕任官	
大參事一名	四等官
權大參事一名	五等官
少參事二名	六等官
權少參事二名	七等官
以上爲奏任官，由藩議產生。	
大屬	八等官
權大屬	九等官
中屬	十等官
權中屬	十一等官
少屬	十二等官
權少屬	十三等官
史生	十四等官
藩掌	十五等官
以上爲判任官，由藩議產生。	
等外	一等、二等、三等、四等
一等、二等、三等、四等其俸由藩費支給。	

※此根據《明治年號遵奉及藩制改革等相關松田內務大丞的說明書》（JCAHR：
A03022995500）製成。

　　日本的一系列單方面的琉球改革令，琉球方面當然不願意接受，特別是
在斷絕中琉關係上，「直接表示了不奉命之意」。〔註13〕

　　8月5日，琉球王尚泰特意致書松田道之，提出關於太政大臣三條實美所
諭示之禁止琉球藩隔年向清國進貢，或清國皇帝即位之時，派遣慶賀使，以
及今後不得接受清國冊封，藩內奉行明治年號，年中禮儀遵行布告及改革藩
制等等已經知悉，與諸官評議之後，茲懇請如如下：

　　第一、本藩往昔政體禮儀不備，諸多不便，故而從屬皇國與中國，承蒙
兩國指導，漸成政體。藩內所用對象，也從兩國籌辦，此外，經常蒙受兩國
仁惠撫恤，皇國與中國之厚恩，罄竹難書，兩國實爲父母之國，舉藩上下，

─────────────
〔註13〕東亞同文會編：《對華回憶錄》，第101頁。

莫不仰奉。深願萬世不替，以勵忠誠。今後不得向中國進貢，不得派遣慶賀使節，禁止向中國請求冊封，必然棄絕父子之道，忘卻中國累世之厚恩，失卻信義，實乃心痛。請諒察前情之實，准允向中國進貢，派遣慶賀一如既往。

又，從屬皇國管轄之地鹿兒島縣之事，以往對中國隱匿，懇請對中國說明，採取明確處置，願對兩國奉公，永久勤勉。

第二、本藩之事，有如前述，因從屬皇國與中國，故而懇請對皇國使用皇曆，對中國使用中國曆法，年中禮儀按照兩國格式。至於祝賀新年、紀元節、天長節等，當按布告實施，其它懇請一如既往。

第三、關於職制之事，乃是應乎國情、順乎民心而定，自古從無變易。現今政府雖直接管轄，但謂國體、政體永久不變，藩內一同聞知，難得之安寧。而謂藩制改革，則小邦人心迷亂，每事不周，請與內地有別，一如既往。〔註14〕

同日，琉球攝政伊江王子、三司官浦添親方、池城親方和富川英方等，也聯名申訴無意改革的具體理由，強調琉球不可斷絕與中國的關係。〔註15〕於是，松田道之則再次召集琉球攝政、三司官等五十餘人，來講述解釋望琉球能接受日本的主張，並請他們做向導，直接面見琉球王，但沒有人願意答應。

8月8日，松田道之再次致書給琉球王及攝政、三司官等，對藩政改革諸條進行了細緻的解釋，並從所謂地理、人種、風俗、語言等方面與中國「無緣」，嚴屬指責琉球與中國的朝貢關係爲「結成私義」，要求琉球「唯有從速遵旨奉行」。〔註16〕

琉球王尚泰及諸大臣繼續上表，強調與中國的歷史關係，駁斥日本的無理，明確表示不能斷絕與中國的關係：本藩進貢之規則，載於明清會典，各國一同明瞭知之，前述逗留之英、法、美國人，也依照中國之示諭辦理。而且，本藩往昔交通皇國、中國、朝鮮、暹羅、爪哇國之前，何方也不服從。由於中古明主詔諭，開始進貢。是時，中國業已斷絕皇國之管轄，無有得到皇國許諾之條理，也無濫自以應諭爲幸，結成私義之事，不可視爲無有可循之名義。〔註17〕

〔註14〕 （日）《藩王尚泰及伊江王子外三名歎願書》，JCAHR：A03022995500。
〔註15〕 （日）《藩王尚泰及伊江王子外三名歎願書》，JCAHR：A03022995500。
〔註16〕 （日）《松田內務大丞對弁書ヲ以テ更ニ令達ノ旨趣ヲ説明ス》，JCAHR：A03022995500。
〔註17〕 （日）《伊江王子外八名具狀書》、《藩王尚泰及伊江王子外三名再願書》，JCAHR：A03022995900；A03022995800。

面對琉球國上下的一致反對，松田道之採取「威逼」的手段，其「怒聲喝叱，極度苛責，宛如對待三尺兒童，眾官吏因被松田斥責，夜不能寢，畫不能息。每日從早到晚進行協議，心急如火，肝膽皆裂，食不能咽。」以致「精神困倦，身體疲憊，如醉如狂，面色鐵青，唯有歎息。」〔註18〕

根據以上內容分析表明，日本政府自明治維新以來的吞併琉球的政策，都是單方面策劃的，並沒有得到琉球王國的認可。

二、設置沖繩縣完成吞併「琉球」

琉球王既無力反抗又不願亡國，只好向中國求援。1876 年 12 月，特派紫巾官向德宏扮作漂民前往中國，翌年到福建見到閩浙總督何景和福建巡撫丁日昌，呈遞琉王陳情書，乞求代紓國難。清政府傳諭何如璋：「相機妥善辦理」〔註19〕。

何如璋及黃遵憲為清政府提出三個策略，本來是想積極爭取救琉的政策，但清政府卻按照李鴻章的意見，採取「據理請問為正辦」，〔註20〕寄希望於日本遵守國際法，維護國際正義。日本雖然無法否認以往琉球兩屬的事實，但卻反誣中國出「暴言」，堅稱「駐軍撤退絕對不可能，不如取消前次失禮之言。」〔註21〕

1879 年 3 月，日本完全不顧清政府駐日公使的抗議，單方面強行實施針對琉球的廢藩置縣。政府任命松田道之為處分官，他率警部巡查 160 人，又由熊本鎮臺撥步兵半大隊隨行，27 日，向琉王尚泰宣佈日本政府的廢藩置縣令，強行要求琉球「騰出首里城」，藩王赴京，「交付土地、人民及官簿等其他各類文件」。

3 月 29 日，藩王尚泰開始離開首里城，當天夜裏與夫人一起出城。首里城其後被日本所接收，成為熊本鎮臺沖繩分遣隊的駐地。

4 月 4 日，日本太政大臣三條實美宣告廢止琉球藩，設置沖繩縣，並任命錫島直彬為縣令，將其編入日本的中央集權體制之內，要求琉球王入京。

琉球藩以藩王尚泰生病為由，請求延期移居東京。但 4 月 27 日，松田要

〔註18〕（日）喜舍場朝賢：《琉球見聞錄》，第 98 頁。
〔註19〕故宮博物院編：《清光緒朝中日交涉史料》卷 1，北平 1932 年版，第 21～22 頁。
〔註20〕故宮博物院編：《清光緒朝中日交涉史料》卷 1，北平 1932 年版，第 24 頁。
〔註21〕東亞同文會編：《對華回憶錄》，第 105～106 頁。

求繼承人、其長子尚典先行赴京，請求延期移居。5 月 27 日，尚泰在日本的強迫下，移居東京。

5 月 10 日，清國總理衙門針對日本強行將琉球廢藩置縣一事發出照會：

「照會事照得琉球一國，世受中國冊封，奉中國正朔，朝貢中國於今已數百年，天下之國所共知也。中國除受其職貢外，其國之政教禁令，悉聽自為，中國蓋認其自為一國也。即與中國並貴國換約之國，亦有與琉球換約者，各國亦認其自為一國也。琉球既服中國，而又服於貴國，中國知之而未嘗罪之，此即中國自認其自為一國之明證也。琉球既為中國及各國認其自為一國，其入貢中國一層，於中國無足輕重也。今琉球有何得罪於貴國，而一旦廢為郡縣，固與修好條約第一條所云：兩國所屬邦土，以禮相待等語不符，且琉球既為中國及各國認其自為一國，乃貴國無端滅人之國，絕人之祀，是貴國蔑視中國及各國也。琉球以弱小一邦服於兩國，其國與貴國尤密，宜如何保護之，乃無故滅絕之，於貴國聲名無益，於各國公論亦未合。今貴大臣既奉貴國之命，前來修好，廢琉為縣一事，實為兩國和好之一大關係之事。本王大臣以上所言，即為兩國永遠顧全和好大局之言。貴大臣宜既知照貴國將廢琉為縣一事速行停止，則兩國之誼由此益敦，而貴大臣前來修好之意亦由此益顯矣。」〔註22〕

從總理衙門的照會來看，中國堅決反對日本對琉球的吞併，並認為琉球為一個國家，並將琉球一事作為兩國修好的要事來看。但日本根本無視清政府的交涉，並決定在琉球設置鎮臺分營。這項決定，完全不同於以往的慣例，遭到琉球的反對，日本政府採取了斷然措施，強制命令琉球：

一、為對中國朝貢而派遣使節及慶賀清帝即位等慣例，一概廢止。

二、撤銷在福州的琉球館，貿易業務概歸設在廈門的日本領事館管轄。

三、從來每當藩王更迭之際，由中國派來官船，受中國冊封，著以為例，今後概予廢止。

四、令藩王來朝，對政治釐革及興建的方法。加以研究後決定。

〔註22〕《日本外交文書》第 12 卷，第 178 頁。

　　五、琉球與中國今後之交涉，概與日本外務省管轄處分。〔註23〕

　　5 月 20 日，清國公使再次向寺島外務卿提出照會，稱琉球案件交涉中，對於日本政府廢藩置縣的做法，實難承認。5 月 27 日，寺島外務卿回答此為根據日本內政情況做出的處理。6 月 10 日，清國公使針對寺島外務卿的「根據內政情況作出的處理」的說法提出反駁。

　　日本政府向清國列舉了「法章十五條」（掟十五力條）和琉球國王尚寧的《誓文》等作為根據，說明琉球所屬的由來，證明琉球國自 1609 年受島津氏入侵後，一直實際處於薩摩藩的統治下。

　　6 月，日本政府又派內務大丞松田道之到琉球傳達上述命令。遭到琉球攝政及官民的反對，松田在欲見琉球王未果的情況下，做出決裂的姿態，要直接回國報告日本政府。9 月，琉球官員池城安規等面見大久保面陳難情：「如得中國承認，則當奉命。」〔註24〕

　　大久保不予理睬，翌年 9 月日本政府公然在琉球實行新審判和警察制度，實施海外護照制度，凡琉球人到中國必須請發護照。日本完全控制了琉球的內政與外交，從制度上斷絕了與中國的藩屬關係。

　　琉球正式被日本吞併後，日本政府繞過意志堅定的何如璋，開始與北京政府直接交涉。同年 4 月，日本政府派宍戶璣為新任駐華公使，雙方拉開了照會戰。5 月 10 日，總理衙門照會日本公使，指出「中國及各國皆承認琉球為一國，……今乃無故滅絕之，此乃與貴國之聲明無益，於各國之輿論亦不合」。7 月 16 日，宍戶璣覆照總理衙門既不承認兩屬之說，也不承認自治之國，堅稱琉球是日本的內政，不許他國干涉。〔註25〕兩國在京交涉也陷於停頓。

　　由於李鴻章並不想因琉球而與日本失和並導致對立狀態，不主張對日本興師問罪，恰值前美國總統格蘭特遊歷亞洲中日兩國，李鴻章等便產生了請格蘭特調停琉球問題的念頭。

　　格蘭特於同年 5 月 27 日經由上海到達天津，翌日即 28 日與李鴻章舉行會談，31 日離開天津，6 月 2 日到達北京，翌日即 3 日會見總理衙門的恭親王奕，並正式接受委託，出面調停琉球問題，6 月 12 日再次返迴天津，以琉球問題為主題，李鴻章與格蘭特再次舉行了會談。

〔註23〕東亞同文會編：《對華回憶錄》，第 101 頁。
〔註24〕東亞同文會編：《對華回憶錄》，第 102 頁。
〔註25〕東亞同文會編：《對華回憶錄》，第 106～109 頁。

　　格蘭特接受了李鴻章、恭親王等要求其調停琉球問題的要求。7月3日到達橫濱港，受到日本朝野的盛大歡迎。7月22日，伊藤博文、西鄉從道等與格蘭特在日光會談。格蘭特從伊藤、西鄉等處瞭解了日本關於琉球問題的主張與要求。7月31日，返回東京，8月2日，在濱離宮會見明治天皇，陳述了琉球問題的經過，並表達了自己的看法：

　　　　吾滯留清國期間，李鴻章及恭親王向吾詳細談過琉球事件，請吾向日本政府廟堂之人述說此事，以求公平妥當處理。吾雖不肯代彼辦理此事，但約定盡力周旋，告之與吾國公使平安商議，因而已與平安數次交談。在此次訪問中，又與伊藤君及西鄉中將君得以在日光面談，終能大致瞭解事情之詳情。

　　　　然雙方所論各不相同，所有紛爭皆是如此，吾在清國所聞與在日本所聞大相徑庭。因而難以判斷是非曲直，不敢輕率吐露鄙見。吾能理解現今日本也有難退之勢，難言之情。且既已自信做出屬其國權的處分，而且無論如何都將維其國權，但清國對此事之意也不可不察，故吾欲僅就此一點分辯。

　　　　清國認為，日本的所作所為，非友好國家之道，乃是輕蔑彼之國權，不顧琉球自古便與其國有關係之處置，特別是往年在臺灣事件中受到屈辱，胸中不忘，使彼猶為不平，疑慮日本企圖連同臺灣也要佔領，並切斷清國在太平洋的通道，所以清國的大臣們，對日本有憤恨之心。

　　　　是故在吾看來，此事非在於相互論判，而日本的要求也並非沒有道理，只是應量察清國的心情，莫如以寬大廣義之心，讓彼一步，如兩國間保持友好之今日若切實考慮緊要之事，雙方則不應無相讓之處。

　　　　吾雖此時難以確信，但據吾所聞，若是在該島嶼之間劃分疆界，給彼讓出太平洋之通道，清國應予同意。此事確實與否，雖然尚不可知，但可知清國的大臣們儘管心懷憤怒，也會有意接受充分協商的。〔註26〕

　　從此份格蘭特向天皇表明的意見來看，表面上格蘭特站在相當中立的立

〔註26〕《日本外交文書》第12卷，第144～145頁。

場上的，想要促進和平解決日中間就琉球問題。但是從佩里以後，美國為確保通向亞洲的太平洋的安全，一直站在支持日本吞併琉球及出兵侵略臺灣的立場上，故筆者竊以為，格蘭特之所以願意出面調停，也是為了此利益點，故在明知道日本將作為國家的「琉球」以非法的手段吞併，依然向伊藤博文表示「琉球是日本領土，其人民是日本人。」〔註27〕並向日本透露清政府不會「挑起戰端」，這分明是偏袒日本，不顧琉球是本為「國家」，而將其肢解，來緩解中日之間的矛盾。

格蘭特與美國駐日公使平安多次商量，最後提出「琉球三分案」，即將琉球中部的沖繩諸島，恢復琉球王國，南部的宮古、八重山群島，劃歸清國，北部的奄美群島，劃歸給日本。這個方案沒有得到日本的認可，在日本看來，北部的奄美島中的五個島嶼，實際上早就由薩摩藩統治，這樣的方案對日本來說沒有什麼益處，更沒有討論的價值。格蘭特在日本也只是偶而提及此事，並未能向李鴻章等所期待的那樣耐心調停：「自己是個旅行者，絕無干預他國之事的意圖，如幸而能與中日兩國間之爭端做出某種調處，便覺無上光榮。」〔註28〕對中日間的是非曲直並無興趣，只是奉勸中日「各讓少許，便自過去，無須他人幫助。」〔註29〕反勸中國收回何如璋的照會，言外之意是中國無禮的照會延誤了中日交涉的進程。總理衙門毫無原則地接受了格蘭特的建議，「本王大臣認為從前所論，可概置勿論，一一依照前任美國大總統來書辦理。」〔註30〕撤回何如璋對日本的指責，無形中也就承認了日本的無理做法。格蘭特在沒有提出明確調停方案的情況下，9月3日，從橫濱返回美國。這樣中國與日本又不得不面對直接談判解決琉球問題。

另外一方面，日本曾在幕府末期，與歐美各國簽訂一些不平等條約，所以，修約是日本明治維新後的第一訴求。1879年井上馨任外務卿，開始加大與各國談判力度，與各國共同進行修約談判。日本十分擔心歐美各國會以1873年批准的《日清修好條約》的有效期1883年為藉口，以中國的「稅率」及「治外法權」仍然有效為由，拒絕修約談判。故日本特別需要與中國進行修約談判。於是日本想利用與中國間存在的琉球問題，展開了旨在修改《日清修改條約》的外交談判。

〔註27〕《日本外交文書》第12卷，第185頁。

〔註28〕東亞同文會編：《對華回憶錄》，第113頁。

〔註29〕《李文忠公全集》譯署函稿卷9，第39～40頁。

〔註30〕（日）《琉球關係雜件／琉球沿革及琉案始末(稿本)》，JCAHR：B03041148500。

恰巧前一年 12 月 24 日清總署恭親王等致函給井上馨，內稱「琉球一案，先後準貴外務省第二次第三次照覆前來，本王大臣逐節詳加參核，本擬分令照覆辯論，惟思此事既經美國前統領從中勸解。本王大臣因將從前辯論各節，暫置弗提，願照美國前統領信內所稱情事，次第辦理。貴外務省如亦願照辦，希即見富，以便彼此照信商辦可也。須致照會者。」〔註31〕

恭親王的信給井上馨一個很好的臺階，3 月 9 日，井上馨給駐清國公使宍戶璣，明確提出修約與「琉球問題」一併協商進行：「琉球一事已到解決之時。兩國政府之言辭，首先將和平置於第一位，此番接得總理衙門來書，實在合宜，吾廟堂先生亦不欲破壞和好，則可施行格蘭特氏之互讓之說，以達呈書所述之目的，小生願此事能繼續維持兩國人民幸福。……決定此舉後，世間定有人議論紛紛，言此事不異削減國權，若不幸發生，小生地位必然尤其直接受到攻擊。原本聲望不隆，不過是對一身之削減而已，只望將來加深與清國交往互吐心事，使彼此喜憂與共，齊向外國施展攻略。目前英俄不和預動干戈，德國逐漸向東洋下手，兩國如若今日還不共同遠謀，實為愚蠢。關於兩國目前獨立權尚不充分，若要一統我東洋面向西洋政略，實為難事。第一要兵備海陸，修改法律完善內政，強化中央政府的威力，實現純粹的獨立自主（即治外法權）為第一要務，願瞭解此精神之恭親王、李鴻章等，發揮熟陳雄辯之老手風範，請為兩國蒼生與互耀國威努力，請轉達小生深意。」〔註32〕

4 月 17 日，日本政府決定了對中國談判交涉及條約草案，並派內閣大書記官井上毅前往北京，通報駐華公使宍戶璣。訓令內容如下：

　　琉球一案，本是依我政府自主公權而處分者，不容他邦干涉，但清政府對之異議。當初，清國公使與我外務省論辯之後，終致我政府與總理衙門直接照會，往復不迭。項日，接得總理衙門照會，開陳從前往復議論，置之不提，以美國前統領從中勸解之宗旨為本，妥為涉議云。我政府自始以保全兩國和好為主義，清國既從前統領之勸解，以無事結局，則我所滿足者。今照覆總理衙門，述我政府同意之旨，然照辦方法如何，清政府尚未明言，我亦甚難。抑據兩國現存條約，內有准許其他各國人民反而不准許兩國者，甚失其平。夫清國與我國同文同種，復有舊來交誼，為唇齒之勢。故而當時兩

〔註31〕　（日）《岩倉公實記》下卷，第 595 頁。
〔註32〕　（日）《日本外交文書》第 13 卷，第 369 頁。

國締結之條約，乃以真誠和好為本。然比較西人與我國人民在清國
所得便否，卻大相徑庭。西人被准許內地通商，且有特惠明文，而
獨限我國人民，故而西人常占壟斷，我邦貨物有被驅逐市場之勢。
此乃有背和好善鄰之誼，以致我人民對此往往不快。其失之兩國修
好本意也甚矣。故而我政府舉清國准許西人者，請求對我人民也予
均准，清國若應我之請求，我政府為敦厚將來親睦，可以琉球接近
清國地方之宮古島、八重山島二島屬於清國，以劃定兩國之異域，
永遠杜絕疆界紛紜。〔註33〕

日本政府趁機提出了琉球的新處理方案，即所謂的「分島改約論」。主要
內容是：「以琉球南部接近臺灣之宮古、八重山兩島分讓與中國，作為區劃兩
國之國境線。而且與此同時，修改中日通商條約，增加利益均霑要款，使日
本人能與西洋人相同，得入中國內地貿易。」〔註34〕

日本提出新方案後，特地派出日本大藏省少書記官竹添進一郎，來華試
探。1879 年 12 月，竹添進一郎來中國後，上書李鴻章論琉球案，兩人對琉球
案多次進行筆談。日本的意圖明顯是以琉球大部分歸屬日本為前提，只象徵
性地以兩個貧瘠的小島相妥協，以圖最終完成兩國的國境線劃分，〔註35〕實
現有利於日本吞併琉球領土的目標，並試圖取得《中日通商條約》所未得到
的最惠國條款。最惠國條款是中國政府對不平等條約有所認識情況下，不願
再輕易讓予日本的一項主權利益。中國與日本處理琉球案目的是「護持弱小
起見，毫無利人土地之心」，更未想到以此為界劃分國境線，中國雖無力阻止
日本吞併琉球的行徑，但也並不願因此喪失道義，瓜分別國領土，出賣最惠
國條款，所以中國沒有接受日本的方案。

日本政府卻急於結束琉案，4 月 17 日，內閣會議決定採取「分島改約
論」，派內閣大書記官井上毅來華，將決議傳達給宍戶璣。6 月 29 日，日本政
府任命宍戶璣為全權辦理委員。清政府則派沈桂芬、景廉、王文韶等與宍戶
璣會談。恰在此時中俄關係緊張，中國政府官員擔心日俄勾結，也願意儘早
結束琉案，於是覺得「此舉既以存球，並以防俄，未始非計。」〔註36〕

〔註33〕 （日）《琉球關係雜件／琉球沿革及琉案始末（稿本）》，JCAHR：B03041148500。
〔註34〕 東亞同文會編：《對華回憶錄》，第 115〜116 頁。
〔註35〕 《李文忠公全集》譯署函稿卷 10，第 32〜33 頁。
〔註36〕 故宮博物院編：《清光緒朝中日交涉史料》卷 2，第 8 頁。

10 月 28 日，雙方草簽了《琉球條約》和《酌加條款》。《琉球條約》規定：「除沖繩島以北屬大日本國管理外，其宮古、八重山二島屬大清國管轄，以清兩國疆界，各聽自治，彼此永遠不相干預。」〔註37〕總理衙門的對日妥協，遭到許多官員的反對，特別是李鴻章與兩廣總督張樹聲。他們認爲條約對中國有害無利，又不可行，主張採取拖延的辦法。因此總理衙門決定不批准協議草案，將琉案擱置起來。1881 年年初宍戶璣惱怒而歸。

此次關於琉案的交涉耗時四年，終無結果，以後雖有提及，1882 年竹添進一郎任駐天津領事期間，曾與李鴻章重議琉球問題，1887 年總理衙門大臣曾紀澤還向日本駐華公使鹽田三郎聲明，中國仍認爲琉球案尚未了結。〔註38〕但由於中國邊患頻繁，無力顧及，琉案終成懸案。

小結

綜上所述，日本在出兵臺灣番地的同時，加緊實施「吞併琉球」的計劃，特別是在獲得「保民義舉」的口實後，更是肆無忌憚地要求琉球完全斷絕與中國的朝貢關係，並於 1879 年 3 月，不顧清政府駐日公使的抗議，琉球國王的反對，單方面強行實施針對琉球的廢藩置縣。琉球被日本吞併後，清政府

〔註37〕故宮博物院編：《清光緒朝中日交涉史料》卷 2，第 9～10 頁。
〔註38〕中國社會科學院近代史研究所：《日本侵華七十年史》，第 24～25 頁。

與日本政府進行數次交涉，美國也參與其中，並不顧琉球本為一個國家的事實，提出肢解琉球的「三分琉球案」。此案導致日本後向清政府提出「二分琉球案」，但清政府顧及琉球人民的感受，沒有答應日本，後在中國邊患頻繁，自身難保的情況下，任由日本將琉球完全吞併。

結束語

　　日本明治維新後，由薩摩藩閥自下而上形成的「吞併琉球」計劃，使剛剛接受近代國際法的日本，必須挑戰「中國」對琉球的宗主國地位。在美國人李仙得等的指導下，日本趁清政府對國際法不甚瞭解，東亞國際體系轉型混亂之時，以偷換概念的方式，藉口臺灣番地「無主」，形成攫取臺灣全部或一部領土主權，獲取「保民義舉」騙得琉球爲日本之民的口實，又獲得清政府「賠償金」的「一石三鳥」出兵侵略臺灣計劃。而 1874 年日本出兵侵略臺灣番地，是日本侵略中國領土之肇始，也是日本軍國主義之源起。故考察「日本出兵侵臺事件」，不能單純從此事件出發，因爲它是日本自明治維新以後，對外擴張領土過程中一個重要部分。此事件起因於日本對琉球領土的野心，而「出兵侵臺事件」，也是日本吞併琉球過程中重要的一環。日本爲達成對琉球的「吞併」，無視臺灣番地爲中國領土的事實，以「無主之地」爲藉口，悍然出兵中國領土臺灣，並企圖實施對臺灣東部或全部的殖民。但在清政府的強力抗爭下，雖沒有實現其殖民臺灣的目的，卻取得「保民義舉」之說詞，爲片面單方面地強行吞併琉球，找到所謂國際法依據。對日本吞併琉球及出兵侵臺歷史的梳理研究，不僅可以全景式地展現近代日本對琉球的吞併過程，揭示其出兵侵略臺灣的目的，而且有幫助於我們更深入的瞭解日本用近代文明來包裝自己，達到對外擴張領土侵略他國的罪惡史實。

附章一：日本怎樣竊取釣魚臺諸島

內容提要：

　　史料證明釣魚臺諸島在歷史上，不屬於「琉球王國」，是中國領土不可分割的一部分。而日本在明治維新後，一次次企圖將其納入到其領土範圍。1885年時，日本通過實地踏查，瞭解到釣魚臺諸島富藏鐵礦資源，爲「貴重之島」，便想將其納入到領土之內，但懾於清政府的實力，沒敢具體實施。1900年時，再度想在釣魚島設立國標（國家標誌），最後也默然放之。1893年時第三次提出。1895年，日本在甲午戰爭優勢的前提下，沒有通過清政府，以「內閣決議」的形式，將釣魚島等島嶼強劃爲沖繩縣所轄，偷偷地竊取了中國的釣魚臺諸島。

關鍵詞：日本　竊取　釣魚臺諸島

　　位於東中國海大陸架上的釣魚臺諸島，不論從地理地質構造，還是從歷史文獻及國際法的角度來評判，歷史上都是中國領土不可分割的一部分。正如日本著名歷史學家井上清指出的那樣：釣魚島等島嶼原本並非無主之地，而是明確屬於中國的領土，是甲午戰爭以後，日本明治政府乘勝利之機，瞞著中國及各國暗中竊取的。〔註1〕這個竊取的過程究竟何如，以住歷史學界雖有論及，但並不詳細，筆者利用收集到的大量原始資料，將這一歷史過程整理再現，以歷史史實證明日本對釣魚臺諸島的竊取事實。

一、釣魚島在歷史上是中國臺灣之領土與「琉球國」沒有關係

　　釣魚島及附屬島嶼，是由釣魚島、黃尾嶼、赤尾嶼等8個無人島礁組成。這些島嶼在地質構造上，與花瓶嶼、棉花嶼及彭佳嶼一樣，是中國臺灣北部近海的觀音山、大屯山等海岸山脈延伸入海後的突起部分，在歷史上作為中琉航海指針被中國古籍所記載，本為中國臺灣島的附屬島嶼。而「琉球」在歷史上為東亞的一個古國，其地理分佈於臺灣島東北和日本九州島西南之間的海面上，包括先島諸島、大東諸島、沖繩諸島、奄美諸島、吐噶喇諸島、大隅諸島等六組島嶼。大量史料證明釣魚島在歷史上，不屬於「琉球王國」，而是中國領土不可分割的一部分。

（一）日本將「久米赤島（赤尾嶼）」篡改為琉球的「久米島」

　　日本方面認為，釣魚島與琉球的關係，最早起始於1873年，證據資料為收錄於「勵志出版社」與「刀水書房」聯合出版的《釣魚臺群島（尖閣諸島）問題研究資料彙編》中的《向琉球藩轄內久米島等五島頒發國旗及律令的文書》。

〔註1〕　井上清：《關於釣魚列島的歷史和歸屬問題》，香港四海出版社，1972年。

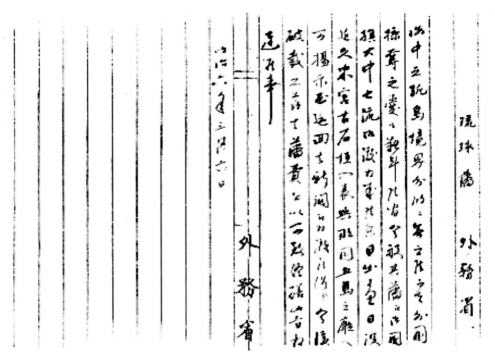

※資料爲《向琉球藩轄內久米島等五島頒發國旗及律令的文書》原件，來源於日本外交史料館所藏《琉球關係雜件／伊地知在琉中書類》中。

筆者在日本外交史料館找到其原件，其內容爲日本明治政府在 1872 年 10 月單方面設立琉球藩後，於次年（1873 年）3 月 6 日，派外務省六等出仕伊地知貞馨，自行向琉球政府轄內久米島等五島，頒發日本國旗及律令書，其內容如下：

> 琉球藩：無奈海中孤島，境界尚有不明之處，難以預料外國卒取之虞。此次，授與你藩大國旗七面，自日出至日落，高懸於久米、宮古、石垣、入表、與那國五島官署。此次交付與你爲新制國旗，日後破損以藩費修繕。〔註2〕

而琉球藩於同年（1873 年）4 月 14 日，向伊地知貞馨彙報：「懸挂於本職管轄內久米島及另外四島之國旗大旗一面、中旗六面，連同文書已順利交付完畢。」〔註3〕

〔註 2〕 《釣魚臺群島（尖閣諸島）問題研究資料彙編》，勵志出版社、刀水書房，2001年，第 164 頁。

〔註 3〕 （日）《琉球關係雜件／伊地知在琉中書類》，日本國立公文書館藏檔（簡稱 JCAHR）：B03041142900。

　　從上份資料的內容分析來看，明治新政府要求琉球將日本國旗所懸挂之五島，為「久米、宮古、石垣、入表、與那國」，而這五島本為琉球之附屬，其中的所謂的「久米島」與「粟國島、慶良間島、渡名喜島」構成一個島群，本為琉球三十六島之一部分。如下圖所示，「久米島」與「釣魚島」中的「久米赤島（赤尾嶼）」根本是兩個不同的島嶼。

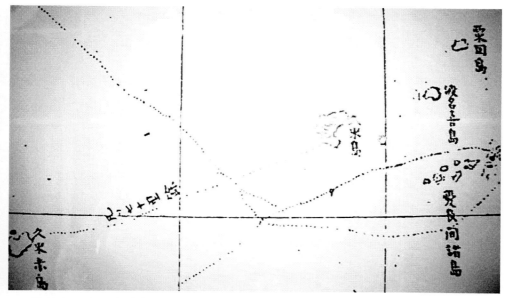

※資料來源於日本外交史料館所藏《沖繩縣久米赤島、久場島、魚釣島へ國標建設ノ件明治十八年十月》中所附地圖。

　　「久米赤島（赤尾嶼）」與「久米島」的距離，相差達七十多里，故將此份資料，作為琉球擁有釣魚島的最初證據，完全是偷梁換柱，以普通人對歷史地理的不瞭解，混淆視聽來達到指鹿為馬之目的。

（二）1879 年日本的「分島案」明確「宮古、八重山」的範疇不包括釣魚島

　　1879 年 3 月，日本完全不顧清政府駐日公使的抗議，單方面強行實施針對琉球的廢藩置縣。日本政府任命松田道之為處分官，率警部巡查 160 人，又由熊本鎮臺撥步兵一隊隨行，27 日，向琉球王尚泰宣佈日本政府的廢藩置縣令，強行要求琉球「騰出首里城」，藩王赴京，「交付土地、人民及官簿等其他各類文件」。次年 9 月，日本政府公然在琉球實行新審判和警察制度，實

施海外護照制度，凡琉球人到中國必須請發護照。日本完全控制了琉球的內政與外交，從制度上斷絕了與中國的藩屬關係。

琉球正式被日本吞併後，日本政府繞過意志堅定的何如璋，與北京政府直接交涉。李鴻章並不想因琉球而與日本失和並導致對立狀態，不主張對日興師問罪，恰值前美國總統格蘭特遊歷亞洲中日兩國，李鴻章等便請格蘭特調停琉球問題。

格蘭特接受了李鴻章、恭親王等要求其調停琉球問題的要求。到達日本後的格蘭特通過瞭解日本關於琉球問題的主張後提出「琉球三分案」，即將琉球中部的沖繩諸島，恢復琉球王國，南部的宮古、八重山群島，劃歸清國，北部的奄美群島，劃歸給日本。這個方案沒有得到日本的認可，在日本看來，北部的奄美島中的五個島嶼，實際上早就由薩摩藩統治，這樣的方案對日本來說沒有什麼益處，更沒有討論的價值。

在修約的壓力下，日本政府又向清政府提出了琉球的新處理方案，即所謂的「分島改約論」，其大體內容如下：清國若應我之請求，我政府為敦厚將來親睦，可以琉球接近清國地方之宮古島、八重山島二島屬於清國，以劃定兩國之異域，永遠杜絕疆界紛紜。〔註4〕

為了明確劃分區域，日本就「宮古、八重山」區劃進行了界定，其內容如下圖所示，其「宮古、八重山」的範圍，根本沒有釣魚島。故日本政府所謂釣魚島為「西南諸島」之說法，是無視歷史史實的謊言。

〔註4〕 （日）《琉球關係雜件／琉球沿革及琉案始末（稿本）》，JCAHR：B03041148500。

（上圖為日本外交史料館所藏《琉球關係雜件／琉球沿革及琉案始末（稿本）》手稿影本，直書漢字，內容包括宮古八重山二島考、宮古群島、八重山群島、戶口、總說等記載。）

（三）古賀辰四郎的申請開發報告反證釣魚島不是日本的領土

另外可以證明釣魚島在歷史上不屬於「琉球」的證據，為《那霸市史》

資料篇第二卷，收錄的《古賀先生對琉球群島的功績》中透露的事實。日本在 1879 年單方面實施「琉球處分」吞併琉球後，居住在那霸的福岡縣人古賀辰四郎，從 1884 年開始不斷派人到釣魚島採集「信天翁」及周圍的海產物。後來，他為了在島上設置半永久性的作業場所，向沖繩縣廳提出申請，而未獲得准許，他又直接向中央政府申訴，也未獲得成功：

> 明治二十七年（1894 年），（古賀辰四郎）向本縣（沖繩縣）知事申請開發該島（釣魚島），但因為當時該島是否為日本帝國所屬，尚不明確而未准。於是他向內務和農商兩大臣提出申請書的同時，本人又到東京親自陳述了該島實況懇願批准開發，仍然未准。時至二十七、二十八年戰役（中日甲午戰爭）告終，臺灣編入帝國版圖，二十九年以敕令第十三號公佈尖閣列島為我所屬，古賀立即向本縣知事申請開發，於同年九月終被批准，由此此人對該島多年宿望得以實現。〔註5〕

此史實記載於日本近代著名歷史學家井上清的《關於釣魚列島的歷史和歸屬問題》中，它的資料來源為《古賀先生對琉球群島的功績》中記載的 1910 年 1 月《沖繩每日新聞》的報導。筆者沒有查到此份報紙的原件，但這份間接引用的資料，也能證明在 1894 年古賀向沖繩縣申請開發釣魚島時，釣魚島還不屬於日本的領土。

另外，在《沖繩一百年》第一卷《近代沖繩的人們》中，對古賀辰四郎的申請開發釣魚島記載，與上述記載完全相同，其未准許的原因為：「當時該島是否為日本帝國所屬尚不明確」。〔註6〕

以上資料證明，在 1894 年中日甲午戰爭處於膠著狀態時，不論日本的中央政府，還是沖繩縣廳，對釣魚島是否屬於日本，尚不確定，故不敢准許古賀的數次申請。但日本在甲午戰爭中逐漸佔有了優勢，已經有把握將臺灣及澎湖列島納入囊中之時，位於「琉球」與臺灣之間的釣魚島，自然被納入到日本領土的範圍之內，古賀的目的最終得以實現。

〔註5〕 井上清：《關於釣魚列島的歷史和歸屬問題》，香港四海出版社，1972 年，第 27 頁。

〔註6〕 井上清：《關於釣魚列島的歷史和歸屬問題》，香港四海出版社，1972 年，第 27 頁。

（四）「指鹿為馬」的「敕令第十三號」

而所謂的釣魚島被納入到日本版圖的（1896）年的敕令第十三號（官報3月7日），筆者找到其原文，原文記載此敕令由內閣總理大臣伊藤博文及內務大臣芳川顯正上報給天皇，「睦仁」天皇於3月5日批下。其內容具體如下：

第一條　除那霸、首里兩區之區域外，沖繩縣劃為下列五郡。

　　　島尻郡　　島尻各村、久米島、慶良間諸島、渡名喜島，粟國島、伊平屋諸島、鳥島及大東島

　　　中頭郡　　中頭各村國頭郡　　國頭各村及伊江島

　　　宮古郡　　宮古諸島

　　　八重山郡　　八重山諸島

第二條　各郡之境界或名稱如遇有變更之必要時，由內務大臣決定之。

　　　附則

第三條　本令施行時期由內務大臣定之。〔註7〕

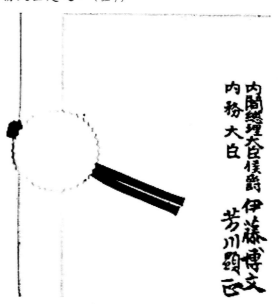

※ 資料來源於日本公文書館所藏《御署名原本‧明治二十九年‧勅令第十三號‧沖繩縣郡編制二關スル縣》中。

〔註 7〕　（日）《御署名原本‧明治二十九年‧勅令第十三號‧沖繩縣郡編制二關スル縣》，JCAHR：A03020225300；《釣魚台群島（諸島）問題研究資料滙編》，勵志出版社、刀水書房，2001年，第176頁。

從以上第十三號敕令內容來看，根本就不存在著釣魚島或「尖閣諸島」的任何記載。但日本政府及一些史學者，硬說那時的八重山諸島中就已經包括了「釣魚島」，這顯然不符合歷史事實。而「尖閣諸島」這個名稱，也是在1900 年（明治三十三年），沖繩縣師範學校教員黑岩根，根據學校的命令進行探險調查後，在《地學雜誌》上發表報告論文中，第一次以「尖閣諸島」稱呼釣魚島，以後被日本政府所採取至今。

（五）《馬關條約》不包括釣魚島不等於釣魚島不屬於臺灣

日本外務省主張：「尖閣諸島沒有被包含在按照一八九五年五月生效的《下關條約（馬關條約）》第二條規定由清朝割讓給日本的臺灣及澎湖諸島當中。」〔註8〕如果按《馬關條約》第二條的字面表達上，釣魚島是不在其範圍之內。但這不並證明釣魚島為「西南諸島」的一部分，因為臺灣島所附屬的許多島嶼都沒有在《馬關條約》第二條中提及。《馬關條約》對領土的界定，採用的大範圍的方式。

※ 資料來源於日本公文書館所藏《禦署名原本·明治二十八年·條約五月十日·日清兩國媾和條約及別約》中。

另外，大量歷史資料證明釣魚島在《馬關條約》簽訂之前，已經被日

〔註 8〕 日本外務省網：http://www.mofa.go.jp/region/asia-paci/china/pdfs/r-relations_cn
.pdf。

本偷偷所竊取。它是日本趁甲午戰爭勝利之勢獲得的戰利品，不是作為無主之地，列入到日本領土。這也反證，釣魚島是中國臺灣的附屬島嶼，在歷史上不屬於「琉球王國」，更不是「西南諸島」的一部分，而是作為臺灣所附屬無人島被日本所竊取，即使日本辯稱釣魚島沒有作為臺灣附屬島嶼在《馬關條約》中一併割讓給日本，也不能否認釣魚島為中國之領土的歷史史實。

（六）1920 年「中華民國」的感謝狀不能成為領土證據的根據

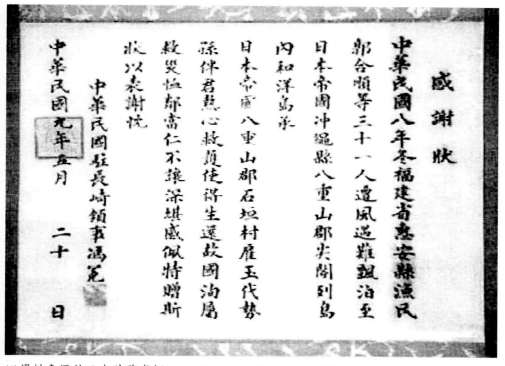

※ 資料來源於日本外務省網：http://www.mofa.go.jp/mofaj/area/senkaku/pdfs/senkaku.pdf。

日本外務省將 1920 年「中華民國」駐長崎領事，因八重山郡石垣村村民救助福建省惠安縣漁民一事，向日本政府提出的感謝狀，作為日本擁有「釣魚島」主權主張的證據，是無視釣魚島是被日本政府趁中日甲午海戰勝利之機偷偷竊取的史實。

1895 年 1 月，日本政府以內閣決議的形式，將中國領土「釣魚島」偷偷竊取。是年 4 月，《馬關條約》將中國領土臺灣及澎湖列島也割讓給日本。作為臺灣附屬「無人島」釣魚島，即在形式上被日本劃歸到「八重山」境內，「中

華民國」的感謝狀是在那種特殊的背景下發出的，故將其作為釣魚島為日本領土的證據，顯然難以成立。

　　根據以上的內容分析來看，日本政府所主張的釣魚島在歷史上為「琉球西南諸島」的說法無視歷史事實，諸多的史料則證明釣魚島在歷史上，不屬於「琉球國西南諸島」的一部分，而是被日本利用甲午戰爭的勝利偷偷竊取的中國領土。

二、現存日本館藏竊取釣魚島的資料

　　能證明日本對釣魚島懷有野心的證據資料，最早記錄於 1885 年（明治十八），事因是日本欲在釣魚島及外二島建立國標。關於日本竊取釣魚臺諸島的歷史資料，主要收錄於日本國立公文書館的《沖繩縣與清國福州之間散在之無人島國標建設之件》（沖繩縣卜清國福州卜ノ間ニ散在スル無人島ヘ國標建設ノ件，檔案號：A03022910000）及外務省外交史料館所藏的《自 1885 年（明治十八年）10 月沖繩縣久米赤島、久場島、魚釣島國標建設之件》（沖繩縣久米赤島、久場島、魚釣島ヘ國標建設ノ件 明治十八年十月中，檔案號：B03041152300）中。

　　《沖繩縣與清國福州之間散在之無人島國標建設之件》分為「秘第二六〇號」、「秘第一二八號」兩個部分。

　　「秘第一二八號」部分，包括以下文件（順序以時間日期為準）：

第一份：1885 年 11 月 2 日出雲丸船長林鶴松提交給沖繩縣大書記官森長義的《釣魚島、久場島、久米赤島回航報告》

第二份：1885 年 11 月 4 日沖繩縣五等文官石澤兵吾提交給沖繩縣令西村舍三及森長義給的《釣魚島及外二島巡視調查概略》及附圖。

第三份：1885 年 11 月 24 日西村舍三提交給外務卿井上馨及內務卿山縣有朋的信。

第四份：1885 年 12 月 5 日山縣有朋友提交給太政大臣三條實美的《無人島建設國標之情況報告》。

第五份：出雲丸號船長林鶴松所寫的《釣魚島、久場島、久米赤島回航報告》

第「秘第二六〇號」部分，包括以下文件（順序以時間日期為準）：

第一份：為 1885 年 11 月 13 日沖繩縣三等教喻上林義忠寫給石澤兵吾的關於礦石實驗成績的信件。

第二份：爲 1885 年 11 月 20 日「第四百七號」由沖繩縣五等文官石澤兵
　　　　吾提交給西村舍三及森長義的《釣魚島礦石之情況》。

第三份：爲 1885 年 11 月 21 日沖繩縣令西村舍三提交給內務卿山縣有朋
　　　　的《釣魚島礦石之情況的報告》

第四份：爲 1885 年 12 月 16 日山縣有朋提交給太政大臣三條實美「釣魚
　　　　島礦石之情況的報告」。

第五份：礦石實驗報告

在《自 1885 年（明治十八年）10 月沖繩縣久米赤島、久場島、魚釣島國
標建設之件》中，包括 1885 年、1890 年及 1895 年各年份的關於釣魚臺諸島
的文件，其中 1885 年份的文件有一部分與 A03022910000 號文件相同，具體
文件如下：

第一件：1885 年 9 月 22 日沖繩縣令西村舍三提交給山縣有朋的「久米赤
　　　　島外二島調查情況之上報」。

第二件：1885 年 9 月 21 日石澤兵吾提交給沖繩縣令西村舍三的「久米赤
　　　　島久場島魚釣島之三島調查書」（附地圖）

第三件：1885 年 10 月 9 日內務卿山縣有朋寫給外務卿井上馨的「官房甲
　　　　第三十八號」《沖繩縣久米赤島、久場島、魚釣島國際建設之
　　　　件》。

第四件：內務卿寫給太政官的「太政官上報案」。

第五件：1885 年 10 月 16 日起草、21 日發文的「外務卿井上馨給內務卿
　　　　山縣有朋關於久米赤島外二島建設國標之事的答覆」（親展第三
　　　　十八號）

第六件：1885 年 11 月 2 日林鶴松所寫「釣魚、久場、久米赤島回航報告」

第七件：「親展第四十二號」

第八件：1885 年 11 月 5 日沖繩縣令西村舍三寫給山縣有朋之「釣魚島外
　　　　二島實地調查情況之上報」及 1885 年 12 月 5 日「井上馨、山
　　　　縣有朋給西村舍三的回復」

第九件：1885 年 11 月 24 日沖繩縣令西村舍三寫給山縣有朋之信件

第十件：1885 年 11 月 30 日（秘第二一八號之二）「山縣有朋回復井上馨
　　　　的回復」及「太政官的指令案」

相關 1900 年前後的資料爲：

第一件：1900 年 1 月 13 日的知事（沖繩）提交給內務大臣「甲第一號」
《無人島久場島釣魚島之議》

第二件：1900 年 2 月 26 日知事（沖繩）寫給內務省縣治局長的信

第二件：1900 年 3 月 2 日內務省縣治局長回復沖繩縣知事的「縣沖第六號」

相關 1895 年前後的資料爲：

第一件：1894 年 4 月 14 日縣治局長、沖繩縣知事向內務省提交的《久場島及魚釣島所轄標樁建設之件》

第二件：1894 年 5 月 12 日沖繩縣知事奈良原繁向內務省縣治局長江木千之提交的「第百五十三號」《久場島魚釣島港灣的形狀及其它秘別第三四號》

第三件：1894 年 12 月 15 日沖繩縣向內務省提交的《久場島及魚釣島所轄標樁建設之件》

第四件：1894 年 12 月 27 日內務大臣野村靖寫給外務大臣陸奧宗光的「秘第一三三號」及附件「閣議提出案」

第五件：「閣議提出案」

第六件：1895 年 1 月 10 日起草，11 日發文的外務大臣陸奧宗光給內務大臣野村靖的《久場島及魚釣島所轄標樁建設之件》

第七件：1895 年 1 月 21 日內閣批「第一六號」《標樁建設相關申請通過》之件。

第八件：沖繩縣提交給外務大臣、次官長及政務局長的「久場島魚釣島本縣所轄標樁建設之件」

第九件：沖繩知事奈良原繁提交給內務大臣井上馨及外務大臣陸奧宗光的「甲第百十一號」《久場島魚釣島本縣所轄標權建設之義的上報》

以上資料除包含了「日本外交文書」中所收錄的全部相關釣魚島的資料，還有很多是外交文書中沒有收錄的。另外 A03022910000 及 B03041152300 中，所記載釣魚島的歷史史實也有所差別。A03022910000 號檔案，是記載 1885 年日本欲在釣魚臺諸島建立國標的記錄；而 B03041152300 號檔案所收錄的諸文件，則是爲 1895 年日本趁甲午戰爭的勝利，偷偷竊取釣魚諸島而羅列的歷史資料，故此份資料，比 1885 年時記載的資料更詳細具體，特別是其中涉及

相關島嶼名稱時，將上述 1885 年中資料記載的「釣魚島及外二島」，更改爲「久米赤島及外二島」，非常耐人尋味。

三、1885 年國標案的提出及對釣魚臺諸島的實地調查

（一）1885 年日本釣魚島「國標案」提出者為誰？

日本在實施「琉球處分」的同時，還利用國際法中「先占」的原則，確定了一系列島嶼目標，包括小笠原島、硫黃島、釣魚臺諸島，南鳥島、沖大島及中鳥島等。1876 年（明治九年）日本佔有小笠原島後，又於 1879 年事實上吞併了琉球三十六島。琉球的吞併及海軍的大發展，標誌著近代日本開始主導東亞格局的開始。日本利用 1882 年朝鮮的「壬午政變」，將勢力延伸到朝鮮半島，擴張的目標也轉向清國的蓋平（遼寧省蓋縣）以南的遼東，以及山東的登州、舟山群島、澎湖列島、臺灣及長江兩岸十里以內的地區。〔註 9〕故與琉球地緣上相連，又靠近臺灣及澎湖列島的無人島——釣魚臺諸島，便成爲日本擴張的新目標。

現存史料中，最早記載釣魚島的資料，爲 1885 年 9 月 22 日沖繩縣令西村舍三，提交給內務卿山縣有朋的《關於久米赤島及外兩島調查情況之上報》（第三百十五號）。這份資料被收集在《1885 年（明治十八年）10 月沖繩縣久米赤島、久場島、魚釣島國標建設之件》（檔案號：B03041152300）中。其標題與國立公文書館所藏的《沖繩縣與清國福州之間散在之無人島國標建設之件》（檔案號：A03022910000）中的記載不同，使用的是「久米赤島及外兩島」爲標題。由於此份文件沒有官方的正式官印，故筆者懷疑可能爲外務省在 1895 年前後的謄寫之件。其內容具體如下：

> 關於調查散落在本縣與清國福州間的無人島一事，依日前在京的本縣森大書記官下達的密令，進行調查，其概要如附件所示。久米嶼、久場嶼及魚釣島自古乃本縣所稱地名，又爲接近本縣所轄的久米、宮古、八重山等群島之無人島嶼，說屬沖繩縣未必有礙，但如日前呈報的大東島（位於本縣與小笠原島之間）地理位置不同，無疑與《中山傳信錄》記載之釣魚臺、黃尾嶼、赤尾嶼等屬同一島嶼。清國冊封舊中山王之使船，不僅詳盡證實他們果然爲同一島嶼，

〔註 9〕 （日）藤春道生：《日清戰爭》，岩波書店，1974 年，第 45 頁。

還分別付之名稱，以作爲琉球航海的目標。故此次擔憂是否與大東島一樣實地勘察，立即建立國標？預定十月中旬前往上述兩島的出雲號汽船返航並立即呈報實地調查後，再就建立國標等事宜仰懇指示。〔註10〕

從這份報告書的內容分析來看，主要是沖繩縣令西村舍三，向內務卿山縣有朋回復關於調查釣魚臺諸島，及在釣魚臺諸島建立國標的事宜。但其中透露出的幾點信息非常值得注意：

首先、報告書內容之中的「在京的本縣森大書記官下達的密令」之說辭，說明竊取釣魚臺諸島之策劃，不是來由沖繩縣。「森大書記官」即是指「森長義」。調查一事出自於在京都森長義的密令，說明這個密令的發出者，並不是森長義個人，而是出自於明治新政府內部的某個部門。而西村舍三上報的單位爲內務省，故是否也可推斷，這個「內命」可能出自內務省。

其次、西村舍三認爲，沖繩地方對釣魚臺諸島已有自己的命名，因接近所轄之久米、宮古、八重山等群島，並屬於無人島嶼，說之爲沖繩縣所轄也未嘗不可。這說明當時沖繩縣已經認爲釣魚臺諸島爲其所屬之無人島嶼。

第三、西村舍三認爲釣魚臺諸島與大東島地理位置不同，且《中山傳信錄》早有記載，有中國自己的稱謂，且爲清國冊封舊中山王之航海指針。這表明西村舍三知道這些島嶼分佈於日清交接地帶，它可能也屬於中國，至少是可能會同中國發生領土爭議的地區，故對其進行實地勘察及建立國際，表示了擔憂與疑慮。

第四、西村舍三提出希望將於十月派船赴釣魚島進行實地調查後，就是否建設國標事宜再請政府給予具體提示。這樣西村舍三策略地將決定權推回給明治新政府，也表明在釣魚島建立國標之事，不是由沖繩縣自下而上發起的。

西村舍三提交給山縣有朋的此份「呈文」，還收錄於《日本外交文書》第十八卷第 572 頁之「版圖關係雜件」中。這份文件是日本現存相關釣魚島資料中最早的一份正式記載。但它比最早記載釣魚島的中國文獻，大概遲了近500 年。另外此「呈文」揭示出近代日本慣用的一種手段，即明明是政府的企圖，卻以地方向中央的請示爲掩護，諸如「琉球處分」中的「鹿兒島縣的請

〔註10〕 （日）《沖繩縣久米赤島、久場島、魚釣島ヘ國標建設ノ件 明治十八年十月》，JCAHR：B03041152300。

求」、出兵臺灣中「大山綱良的請求」等，都是如此。而戰後沖繩返還中，相關釣魚臺諸島的事宜，也是由沖繩縣向日本中央政府請求，再由中央政府與美國進行秘密交涉，最終獲得美國的支持。

（二）對釣魚島等島嶼的實地調查

日本政府於 1885 年命令沖繩縣對釣魚臺諸島進行實地調查。沖繩縣受命後，於 1885 年 10 月 22 日雇用汽船會社出雲丸號汽船，派沖繩縣五等文官石澤兵吾、十等文官久留彥、警部補神尾直敏、御用掛藤田千次、巡查伊東捉祐一及柳田彌一郎等，對釣魚島、黃尾嶼及赤尾嶼進行了實地調查。調查內容記載於沖繩縣五等文官石澤兵吾所寫的《魚釣島及外二島巡視調查概略》中。「調查概略」主要報告了此三島的情況，並附有從距離釣魚島西南岸十五海里遠望釣魚島、黃尾嶼（久場島）的側面圖。

根據「調查概略」記載，出雲丸號於 10 月 29 日下午四點，從宮古石垣起錨出發，30 日早上四點多，接近釣魚島，八點左右從西海岸上陸，開始進行實地調查。調查結果認定此島方圓超過三里，由巨大的岩石構成，上面布滿了「コバ」、可旦、榕、藤等樹種，與大東島相同，整個島被與沖繩本島相同的雜草覆蓋，溪澗清水流淌，水量充沛，沒有平原，缺乏可耕地，海濱水產資源豐富，由於受地勢的影響，農漁兩業難以發展。調查還詳細地對釣魚島上的地質構造進行了觀察，根據其土石的情況，推斷可能含有煤或鐵礦，並認為如果真是這樣，這個島就可以說是一個貴重的島嶼。〔註11〕

調查認為由於釣魚島散落在日本與清國間的海上航路上，故發現很多諸如廢船等的漂流物。島上素無人迹，樹林繁茂，諸如鴉、鷹、鳩等的海禽類很多，最多的是信天翁。石澤兵吾用很大的篇幅來描寫島上信天翁情況。〔註12〕這有助於解釋 1895 年 6 月 10 日日本人古賀辰四郎為捕捉海產物、采集和輸出信天翁羽毛，而提出申請租用「久場島」等歷史事件。古賀以 30 年期限無償租用釣魚島、黃尾嶼、南小島及北小島四島。古賀之所以能夠無償租用到這四個小島，是否與日本政府以近代國際法中先占為主，來為竊取後的釣魚臺諸島尋找國際法依據，需要進一步的資料證明。

〔註11〕 （日）《沖繩縣卜清國福州卜ノ間二散在スル無人島ヘ國標建設ノ件》，
　　　　 JCAHR：A03022910000。
〔註12〕 （日）《沖繩縣卜清國福州卜ノ間二散在スル無人島ヘ國標建設ノ件》，
　　　　 JCAHR：A03022910000。

另外，「調查概略」還記載，調查船下午二點離開釣魚島，駛向黃尾嶼，此島在釣魚島的東北十六海里處。日落西山之時到達，調查人員本欲登島，但由於海上突然強風大作，故只能在船上觀察。通過調查人員的觀點，此島與釣魚島相類似，也是有巨岩大石構成，禽類與樹木也基本相同，島的面積不到二里。〔註13〕

歸途中路過赤尾嶼，由於風高浪急夜暗漆黑，沒有辦法進行觀察，觀察人員雖覺遺憾，但認為此島只為一小礁，對其沒有農漁業或殖民的想法。〔註14〕

通過以上「調查概略」的內容，筆者推斷日本之所以對釣魚島進行調查，主要出自幾個目的，第一個是確立吞併琉球後的與清國的邊境，即是為了設立國標；第二個目的是有計劃將來對其進行經濟活動或殖民活動；第三個目的就是為竊取釣魚臺諸島作基礎的認知工作。

（三）有關釣魚島的回航報告

另外一份相關釣魚島本島實況記載的資料為《魚釣、久場、久米赤島回航報告書》。此報告為汽船會社出雲丸船長林鶴松所寫，1885 年 11 月 2 日，提交給沖繩縣大書記官森長義。

報告從另一個側面，對釣魚島等三島進行了描述。報告記載出雲丸號初次航行到釣魚島西岸，並在其沿岸三、四個地點進行了探測，其海底極深，大約四十乃至五十郡，沒有可以拋錨之地。

釣魚群島一共是一島六礁，其最大者為釣魚島，六礁在其西岸五、六里外，由並列在水面下的礁脈相連而成，其中最大的稱為「青椒礁」，形狀絕奇，呈圓錐狀突起在空中。「青椒礁」與釣魚島之間的海峽，深度約十二、三郡，可自由通航，但水流極速，帆船恐難通行。

釣魚島的西北岸，山崖屹立，其高度約一千零八十尺，其地勢向東岸漸漸傾下，遠望如水面上的直角三角形。本島水資源豐富，其東岸河溪縱橫，據海路志記載，可見溪中魚兒。本島距離那霸河口三重城西七度、南二百三十海里。

黃尾嶼屹立在釣魚島東北十六海里處，沿岸皆有六十尺高，其最高點為六百尺，與釣魚島相同，沒有地方可以停靠船舶。

〔註13〕 （日）《沖繩縣ト清國福州トノ間ニ散在スル無人島ヘ國標建設ノ件》，JCAHR：A03022910000。
〔註14〕 （日）《沖繩縣ト清國福州トノ間ニ散在スル無人島ヘ國標建設ノ件》，JCAHR：A03022910000。

上記兩島地質上由石灰岩構成，氣候溫暖，樹木花草在石間繁茂生長，但沒有可用之梁材，海鳥群集在各礁上，可謂海鳥的天堂。

出雲丸從黃尾嶼離開，駛向慶良間峽的中途，接近了赤尾嶼，但由於夜半未得實地調查。根據海路志記載，本島不過為一岩礁，其具體位置在東經一百二四度三十四分，北緯二十五度五十五分，距離那霸三重城西六度，南一百七十海里，四面嵩岸屹立，高度大約二百七十尺，遠望似日本形的帆船。該島屢屢被外船報錯位置，蓋因其在黑潮中孤立，想必各船也難以推測。

林鶴松的「回航報告書」，與石澤兵吾的「調查報告」角度不同，主要從島的外部環境、海底礁岩及地形地貌進行了描述。

（四）資源類的實驗確定

日本通過對釣魚島的實地調查，推斷在島上可能有煤炭或鐵礦石資源。石澤兵吾於 11 月 12 日，將從釣魚島帶回的岩石標本，交給其學弟沖繩縣金石學者三等教諭小林義忠，令其對岩石進行含礦可能性檢驗分析。

11 月 13 日，小林義忠給石澤兵吾回信，確定了釣魚島擁有鐵礦資源：「昨天交來的礦石，今天進行了實驗，其酸化鐵完全可以滿足製鐵，別紙附實驗成績報告。」〔註 15〕

石澤兵吾在收得礦石實驗報告後，馬上向沖繩縣令西村舍三及大書記官森長義進行彙報：「本月（11 月）四日，上呈釣魚島及外二島調查概略之時，曾言懷疑釣魚島石層中，可能含有煤礦或鐵礦，並帶回幾塊樣本，附以簡單說明，以供參考之用，另外，將其中一塊，交由本縣三等教諭小林義忠，進行化學上的試驗。小林很快進行實驗分析，別紙附了成績報告書，斷定該石中含有的酸化鐵，完全可以滿足製鐵所用。該島是否存在著大型礦層，待他日進行更細緻的調查。」〔註 16〕

西村舍三於次日（11 月 21 日），向內務卿山縣有朋進行了報告：「本月五日上報之釣魚島調查報告及附屬復命書類中，曾提到島上可能埋藏煤礦或鐵

〔註 15〕 （日）《沖繩縣卜清國福州卜ノ間二散在スル無人島へ國標建設ノ件》，
　　　　 JCAHR：A03022910000。
〔註 16〕 （日）《沖繩縣卜清國福州卜ノ間二散在スル無人島へ國標建設ノ件》，
　　　　 JCAHR：A03022910000。

礦之申述，其後命金石學者三等教諭小林義忠進行分析，如別紙所附，取得實驗結果，證明足夠滿足製鐵用之。」〔註17〕

通過小林義忠的礦石實驗報告，證明釣魚島上擁有鐵礦石資源，釣魚島為「貴重之島」的推想也被證實。

（五）「國標案」的擱淺

沖繩縣在對釣魚島進行實際調查之時，明治新政府內部，就此問題進行了一系列的相互溝通。1885年10月9日，內務卿山縣有朋以「官房甲第三十八號」，向外務卿井上馨進行通報：「沖繩縣與清國間散在之無人島調查之提議，另附別紙由同縣令上報給政府。」〔註18〕

同時，山縣有朋還向太政官三條實美進行報告：「沖繩縣與清國福州之間散在的無人島，久米赤島及外兩島的調查之提議，如別紙所附由同縣令上報提出，右記諸島與中山傳信錄中所記載的島嶼實屬相同，歷來在航海上作為航路方向的針路，目前雖特別屬於清國的證迹很少，且島名我與彼所稱各異，與沖繩縣宮古八重山等地接近，屬無人島嶼，指示同縣進行實地踏查的基礎上，提出建立國標之提議，情況至急，請給予指示。」〔註19〕

在山縣有朋向三條實美的報告中，將「釣魚島及外兩島」的名稱，變成了「久米赤島及外兩島」。這種名稱的變化，筆者理解可能為山縣有朋故意所為。「久米赤」從本質上講，並不是真正的島嶼，而是礁岩，而「久米赤」在釣魚、黃尾嶼及赤尾嶼這三島中，最小也不是最重要的，而釣魚島是主要目標。特別是沖繩縣實地調查對象，只釣魚島一島，故山縣有朋將「釣魚島及外兩島」的調查，說成為「久米赤島及外兩島」，或許意圖使太政大臣三條實美，在不明具體實情下給予支持。

另外此事件由內務省主導之證據，也從「指示同縣令進行實地踏查」之語中泄露出來。這證明對釣魚臺諸島建立國標事宜，是由日本內務省發起的，而外務省在獲得通報後，考慮到與清國的關係，最終提出反對的意見，其證據在資料「親展第三十八號」中。

〔註17〕（日）《沖繩縣卜清國福州卜ノ間二散在スル無人島ヘ國標建設ノ件》，JCAHR：A03022910000。
〔註18〕（日）《沖繩縣卜清國福州卜ノ間二散在スル無人島ヘ國標建設ノ件》，JCAHR：A03022910000。
〔註19〕（日）《沖繩縣卜清國福州卜ノ間二散在スル無人島ヘ國標建設ノ件》，JCAHR：A03022910000。

「親展第三十八號」起草於 10 月 16 日，發文於 10 月 21 日。井上馨在此件中，對山縣有朋言：「經沖繩縣對散落沖繩縣與清國福州之間無人島——久米赤島及外兩島的實地調查，於本月 9 日以附甲第 38 號就建立國標進行商議。幾經熟慮後，認爲上記各島嶼靠近清國國境，非以前調查過的大東島可比，其周圍看似很小，清國竟附有島名。近來清國報紙等盛載我政府欲佔據臺灣附近的清國屬島之傳言，對我國懷有猜疑。於頻頻敦促清政府注意之際，我若於此時遽爾公然建立國標，反易招致清國之猜忌，當前僅須開展實地調查港灣形狀及開發土地物產可能性的詳細報告。至於建立國標之事須俟它日時機。請諸位注意，已調查大東島一事及此次調查之事，恐均不刊載官報及報紙爲宜。上述答覆順申拙官意見。」〔註20〕

從「親展第三十八號」內容來看，明治政府內部對在釣魚島建立國標事宜，進行了具體的商議，但顧慮沒有歷史證據證明釣魚島爲沖繩所屬，如貿然建立國標事宜，恐與清國產生摩擦與矛盾，故希望俟它日以便等待時機。這說明井上馨等人，並不眞正反對在釣魚島建立國標，故指令沖繩縣繼續對該島進行調查，以便等待好的時機。同時，爲了不引起國際上的注意，連對大東島的調查，也不許在報紙上公開發表，爲了達到保密的效果，連外務省發出的文件，也明令收回，即是以「秘字第二一八號之二」追申：「望處理後返還此文件。」〔註21〕

內務省在接到外務省井上馨暫時擱置建立國標事宜後，並沒有馬上通知沖繩縣。沖繩縣令西村舍三於 11 月 5 日將「釣魚島外二島實地調查情況之上報」遞交給山縣有朋的同時，以「第三百八二四號」提出了「釣魚島外二島實地調查之上報」，要求正式將釣魚島納入到沖繩縣：「最初考慮與清國接近，懷疑其所屬，不敢決斷。這次復命及報告書中，記載其爲貴重之島嶼，從地理上看，其在我縣八重山群島西北、與那兩島的東北，可決定爲本縣所轄。如果這樣，即引自大東島之例，在釣魚島、久場島建立我縣所轄之標識。」〔註22〕

〔註20〕　（日）《沖繩縣久米赤島、久場島、魚釣島ヘ國標建設ノ件　明治十八年十月》，JCAHR：B03041152300；《日本外交文書》第十八卷，572 頁。

〔註21〕　（日）《沖繩縣久米赤島、久場島、魚釣島ヘ國標建設ノ件　明治十八年十月》，JCAHR：B03041152300；《日本外交文書》第十八卷，572 頁。

〔註22〕　（日）《沖繩縣久米赤島、久場島、魚釣島ヘ國標建設ノ件　明治十八年十月》，JCAHR：B03041152300。

　　從「第三百八二四號」內容分析來看，西村舍三在實地考察釣魚島後，積極要求馬上建立國標，是由於釣魚島為「貴重之島」。11 月 21 日，其將「釣魚島礦石實驗報告」交給山縣有朋。11 月 24 日，西村舍三再次給外務卿井上馨及內務卿山縣有朋同時發信，就在釣魚島建立國標一事，再次提出要求：「提議在該島建立國標一事，與清國不無關係，萬一發生矛盾衝突，如何處理至關重要，請給予具體指示。」〔註23〕

　　從 11 月 24 日西村舍三信的內容來看，儘管沖繩縣認識到釣魚島為「貴重之島」，希望劃歸到其所轄，但恐怕與清政府產生衝突，故敦請日本中央政府給予具體指示。而日本政府內部，就此事件所進行的具體討論，並沒有詳細的記載資料保留下來，但根據現存的 1885 年 11 月 30 日三條實美給內務卿山縣有朋及外務卿井上馨的指令按「秘第二一八號之二」之內容分析來看，可能外務卿井上馨的意見佔了上峰。

　　「秘第二一八號之二」之內容為：「由沖繩縣令提出的，別紙所附之無人島國標建設之議案，為右下記的具體意見。該案之涉及指令之官方記載及捺印之書類，望處理後返還。」〔註24〕指令書的內容為：「目前應緩建散落沖繩縣與清國之間無人島的國標」〔註25〕。

　　指令書是太政大臣三條實美，批覆給山縣有朋及井上馨的。故可分析出，1885 年日本欲建立國標案之所以沒有具體實施，是因為日本政府內部對此意見不一。外務卿井上馨從外交的角度出發，不願意在此時期與清政府產生矛盾，故雖支持對釣魚諸島進行調查，但不主張馬上建立國標。從三條實美的批覆指令來看，日本政府也是知道這些島嶼位於清國邊境處，且已有中國之名稱，恐與清政府產生矛盾與衝突，不敢輕舉妄動，權衡輕重利弊，最後採取井上馨的建議，暫時擱置國標建立之事宜，退而等待竊取之機會。

四、日本「竊占」釣魚臺諸島

　　1890 年 1 月 13 日，日本沖繩縣知事再次向內務大臣呈文，要求將釣魚島

〔註23〕　（日）《沖繩縣卜清國福州卜ノ間二散在スル無人島ヘ國標建設ノ件》，
　　　　　JCAHR：A03022910000。
〔註24〕　（日）《沖繩縣久米赤島、久場島、魚釣島ヘ國標建設ノ件 明治十八年十月》，
　　　　　JCAHR：B03041152300；《日本外交文書》第十八卷，572 頁。
〔註25〕　（日）《沖繩縣久米赤島、久場島、魚釣島ヘ國標建設ノ件 明治十八年十月》，
　　　　　JCAHR：B03041152300；《日本外交文書》第十八卷，572 頁。

及外兩島納入沖繩：「關於鄰近本官管轄下八重山群島內石垣島的無人島——魚釣島及外兩島，明治 18 年（1885）12 月 5 日，已於同年 11 月 5 日第 384 號請示進行作業。上述島嶼為無人島，迄今尚未確定其所轄。近年因管理水產業之需要，故八重山島官署報請確定其所屬。藉此機會，請求將其劃歸本官轄下之八重山島官署所轄。」〔註 26〕

日本政府內部對此怎樣討論，沒有資料反映。但同年的 2 月 7 日，內務省以縣治局長名義，對沖繩縣的請求給予駁回：「本年一月十三日甲第一號的無人島貴縣所轄之提議，如明治十八年十一月五日貴縣之第三百八十四號之請求，已有十二月五日指令案的答覆，請在調查的基礎上參照，特此照會。」（「縣沖第六號」）〔註 27〕

從明治政府的答覆來看，可推斷政府內部在討論過後認為時機還不成熟，故沒有批准沖繩縣的請求。

1893 年 11 月 2 日，沖繩縣知事奈良原繁再次向內務大臣井上馨及外務大臣陸奧宗光提出《久場島魚釣島本縣所轄標權建設之請求》（甲第百十一號），提出：「位於本縣下八重山群島西北的無人島——久場島魚釣島本縣所轄之提議，可援引大東島之例，建設本縣所轄之標權。明治十八年十一月五日第三百八十四號上報，同年十二月五日批覆『目前應緩建』。近年來嘗試在該島進行漁業等，由於管理上的需要，從 1885 年開始，就不斷提出請求。該島作為本縣所轄，建立標權至急，仰望給予具體指示。」〔註 28〕

此時期，日本已經開始與中國作戰的準備，故對沖繩縣提出的請求，給予了積極的回應。1894 年 4 月 14 日內務省以「秘別第三四號」，由縣治局長將沖繩縣的請求，報告給內務大臣、次官及參事官，同時指令沖繩縣就以下內容進行調查：「該島港灣之形狀；未來有無物產及土地開拓的可能；舊記口碑等有無記載我國所屬之證據及其與宮古、八重山島之歷史關係。」〔註 29〕

沖繩縣在接到「秘別第三四號」後，奈良原繁於 5 月 12 日，以「覆第百

〔註 26〕　（日）《沖繩縣久米赤島、久場島、魚釣島ヘ國標建設ノ件　明治十八年十月》，
　　　　　JCAHR：B03041152300。
〔註 27〕　（日）《沖繩縣久米赤島、久場島、魚釣島ヘ國標建設ノ件　明治十八年十月》，
　　　　　JCAHR：B03041152300。
〔註 28〕　（日）《沖繩縣久米赤島、久場島、魚釣島ヘ國標建設ノ件　明治十八年十月》，
　　　　　JCAHR：B03041152300。
〔註 29〕　（日）《沖繩縣久米赤島、久場島、魚釣島ヘ國標建設ノ件　明治十八年十月》，
　　　　　JCAHR：B03041152300。

五十三號」回復內務省縣治局長江木千之：「久場島魚釣島港灣形狀及其他之件的秘別第三四號照會已經瞭解，然而該島自1885年由本縣派出警部等進行踏查以來，再沒有進行實地調查，故難於確報。故別紙附當年調查書及出雲丸船長的回航報告。」該件最後還追述：「沒有舊記書類相關該島我邦所屬之明文證據及口碑傳說等，只是本縣下之漁夫經常到八重山島及這些島嶼進行漁業，特此申報。」〔註30〕

從沖繩縣5月12日「覆第百五十三號」內容來看，沖繩縣並沒有找到釣魚臺諸島屬該縣的歷史證據，也沒有提及前述的「貴重之島」的內容，要求成為其所轄的理由為漁業管理的需要。

此後日本在甲午海戰中逐漸佔據優勢，並擬定強迫中國割讓臺灣為媾和條件。釣魚臺諸島在琉球與臺灣之間，故日本認為竊取釣魚島時機已經成熟。12月15日，內務省以「秘別一三三號」，由縣治局長向內務大臣、次官、參事官及庶務局長遞交了「久場島魚釣島所轄標權建設之上報」，提出：「對魚釣島久場島相關地理等進行了逐次調查，不論怎麼講，和平山及魚釣島二島，位於海軍省水路部二百十號地圖的八重山島東北方，其依照部員的口述，右二島從來都是屬於領土的範圍，其在地形上當然地被認為沖繩群島之一部。」〔註31〕

12月27日，日本內務大臣野村靖發密電給外務大臣陸奧宗光，稱：關於在久場島（黃尾嶼）、釣魚島建標一事，雖已下令暫緩，但「今昔形勢已殊」，對這些島嶼「需要管理」，故應當重議此事。此次日本外務省未表異議，並答覆「請按預定計劃適當處置」。

1895年1月14日，日本將召開內閣會議。內務大臣野村靖於12日向內閣總理大臣伊藤博文發件《關於修建界樁事宜》（「秘別第133號」），提出：「位於沖繩縣下轄八重山群島之西北的久場島、魚釣島一直為無人島，但近年有人試圖在該島從事漁業等，對此須加以管理之，故該縣知事呈報修建該縣所轄之界樁。懇請上述內閣會議批准歸由該縣所轄，准其修建呈報之界樁。」〔註32〕

〔註30〕 （日）《沖繩縣久米赤島、久場島、魚釣島へ國標建設ノ件 明治十八年十月》，JCAHR：B03041152300。

〔註31〕 （日）《沖繩縣久米赤島、久場島、魚釣島へ國標建設ノ件 明治十八年十月》，JCAHR：B03041152300。

〔註32〕 《釣魚臺群島（尖閣諸島）問題研究資料彙編》，勵志出版社，2001年，第169頁。

內閣會議在內外大臣溝通良好的基礎上當然討論通過。1 月 21 日一份帶有內閣總理大臣、內閣書記官長、外務大臣、大藏大臣、海軍大臣、文部大臣、遞信大臣、內務大臣、陸軍大臣、司法大臣及農商務大臣畫押的批覆文發下，具體批示為：「對於內務大臣建議的位於沖繩縣八重山群島之西北稱為久場島、魚釣島之無人島，近年來有人試圖從事漁業等，故應有序加以管理之，對此，應按照該縣知事呈報批准該島歸入沖繩縣轄，准其修建界樁，此事如建議順利通過。指示：按照關於修建界樁事宜的建設辦理。」〔註 33〕

同時，內閣（1895 年 1 月）還發表了政府文書《久米赤島、久場島及魚釣島編入版圖經過》，具體內容如下：

> 散落在沖繩與清國福州之間的久米赤島（距久米島西南方約 70 里，位於離清國福州近 200 里處）、久場島（距久米島西南方約 100 里，位於靠近八重山島內石垣島約 60 餘里處）及魚釣島（方位同久場島，僅比久場島遠 10 里左右）之三島未發現所屬清國的特別證迹，且靠近沖繩所轄之宮古、八重山島等，為無人島嶼，故沖繩縣知事呈請修建國標。上述審議在呈報太政大臣前，山縣內務卿於明治 18 年 10 月 9 日已徵詢井上外務卿的意見。經外務卿熟慮，鑒於本島嶼靠近清國國境，為蕞爾孤島，當時我國政府因清國報紙刊載我佔據臺灣附近清國屬島等流言而敦促清國政府注意等理由，於 10 月 21 日答覆把建立國標、開拓島嶼之事延至他日時機為宜。12 月 5 日內務、外務兩卿指示沖繩知事，對目前不修建國標望加諒解。明治 23 年（1900）1 月 13 日，沖繩縣知事向內務大臣請示，要求確定這些島嶼的管轄。請示提出本案島嶼一直為無人島，未特別確定其所轄，近年因取締水產之需要，故八重山官署報請確定其所轄。進而明治 26 年（1893）11 月 2 日，當時有人試圖在本案島嶼從事漁業生產等，沖繩縣知事為管理之，向內務、外務兩大臣呈報修建該縣所轄之界樁。內務大臣就本案提交內閣會議與外務大臣磋商，外務大臣未表示異議。於明治 27 年（1894 年）12 月 27 日提交內閣會議。明治 28 年（1895 年）1 月 21 日，內閣會議決定由內務、外

〔註 33〕《釣魚臺群島（尖閣諸島）問題研究資料彙編》，勵志出版社，2001 年，第 169 頁。

務兩大臣指示沖繩縣知事：報請修建界椿一事已獲批准。〔註34〕

小結

綜上所述，日本內閣發表的釣魚島「編入版圖經過」，將自己竊取釣魚臺諸島的過程完整地記載下來。1885 年時，日本通過踏查知道釣魚臺諸島爲「貴重之島」，便想將其納入到領土之內，但懾於清政府的實力，沒敢具體實施，一直等待著機會。十年之後，在甲午戰爭優勢的前提下，沒有通過清政府，以「內閣決議」，將釣魚島及附屬島嶼，強劃爲沖繩縣所轄。特別值得注意的是，在 1895 年 1 月至 4 月中日簽署《馬關條約》的談判過程中，日本從未提及過釣魚列島。而一直到臺灣內部武裝抗日基本結束的 1902 年，日本才以天皇敕令把釣魚列島正式併入日本領土。日本就這樣暗無聲息地竊取了中國的釣魚島。

〔註34〕 （日）《新領土ノ發見及取得二關スル先例》，JCAHR：B04120002200；《釣魚臺群島（尖閣諸島）問題研究資料彙編》，勵志出版社，2001 年，第 171 頁。

附章二：「琉球返還」中的美國因素與 釣魚島問題

　　釣魚島全稱為「釣魚臺群島」，由釣魚島、黃尾嶼、赤尾嶼、南小島、北小島和大南小島、大北小島、飛瀨島等 8 個無人島礁組成，分散於北緯 25°40′～26°、東經 123°～124°34′之間，總面積約 6.344 平方公里。這些島嶼在地質構造上，與花瓶嶼、棉花嶼及彭佳嶼一樣，是臺灣北部近海的觀音山、大屯山等海岸山脈延伸入海後的突起部分，在歷史上作為中日航海指針被中國古籍所記載，本為中國臺灣島的附屬島嶼，與古「琉球」沒有任何的關係。資料已經確鑿證明，日本在明治新後，曾多次想建立國標佔有該群島，但迫於清政府的壓力而沒能實施。1895 年日本利用《馬關條約》，偷偷將該群島納入其領土範圍。而所謂的 1895 年 1 月 14 日內閣決議及 1896 年 4 月 1 日的敕令「13」號，都沒有明確提及「釣魚臺群島」。直到 1902 年，日本才以天皇敕令的形式將釣魚臺群島正式併入領土。而所謂的古賀家族的「租賃契約」，更是以後的事情。這些歷史史實都有力地證明，在 1945 年二戰結束以前，「釣魚臺群島」與「古琉球」沒有所謂的「所屬」關係。戰後，按照盟國的一系列宣言，日本領土將限於本土四島及其鄰近小島之內，此外原屬於日本之領土，其歸屬問題，盟國間已經協議，但有兩塊地區懸而未決，第一為小笠原群島，第二為琉球群島。而「琉球」本為中國藩屬國，1879 年被日本吞併。故「中華民國」政府積極主張收回琉球，但美國暗中教唆菲律賓政府提出反對，並以「臺灣自決」相抗衡，至使風雨飄搖的「中華民國」，連退而要求將中琉分界線劃在「釣魚臺列島」以外的想法，也沒有實現。這樣「釣魚臺群

島」就被裹挾到「琉球群島」中，進而以「琉球」的一部分，最後被美國所託管。

一、二戰後期對日本領土疆域的界定與「琉球」及「釣魚臺諸島」

（一）《開羅宣言》為戰後「琉球」的劃定奠定最初的國際法依據

戰後日本疆域領土的劃定，最早的法理依據為 1943 年 12 月 1 日的《開羅宣言》。「宣言」由美國總統特別助理霍普金斯，根據美國總統羅斯福、英國首相丘吉爾和蘇聯總書記斯大林三人會談的內容進行起草的，其中關於日本疆域問題中涉及到中國之部分，其擬初稿明確表示：「被日本人背信棄義地所竊取於中國之領土，例如滿洲和臺灣，應理所當然地歸還中華民國。」〔註 1〕

英國代表賈德幹爵士，在參加修改意見時，建議將草案中的「歸還中華民國」，修改為「當然必須由日本放棄」。中國代表王寵惠據理力爭，美國代表哈里曼附議中國之觀點，將宣言草案的文字表述為：「被日本所竊取於中國人之領土，特別是滿洲和臺灣，應歸還中華民國。」

丘吉爾本人，又對宣言草案文字作了進一步的修改，將文中的「特別是」改為「例如」，又在「滿洲和臺灣」兩個地名後，加上了「澎湖」。《開羅宣言》就這樣定了稿。為徵求斯大林的意見，《開羅宣言》並未簽字，開羅會議結束後，羅斯福、丘吉爾即刻前往德黑蘭，同斯大林會晤。

1943 年 11 月 30 日，丘吉爾就《開羅宣言》的內容，詢問斯大林的意見，斯大林回答稱他「完全」贊成「宣言及其全部內容」，並明確表示：這一決定是「正確的」，「朝鮮應該獨立，滿洲、臺灣和澎湖等島嶼應該回歸中國」。〔註 2〕

第二天，即 1943 年 12 月 1 日，《開羅宣言》向外界正式發表。其內容如下：

> 三國軍事方面人員關於今後對日作戰計劃，已獲得一致意見，
> 我三大盟國決心以不鬆弛之壓力從海陸空各方面加諸殘暴之敵人，
> 此項壓力已經在增長之中。我三大盟國此次進行戰爭之目的，在於

〔註 1〕 《美國對外關係文件》，FRUS1943，開羅和德黑蘭，美國威斯辛大學數字收藏，第 401 頁。

〔註 2〕 《美國對外關係文件》，第 566 頁。

制止及懲罰日本之侵略，三國決不爲自己圖利，亦無拓展領土之意思。三國之宗旨，在剝奪日本自從一九一四年第一次世界大戰開始後在太平洋上所奪得或佔領之一切島嶼；在使日本所竊取於中國之領土，例如東北四省、臺灣、澎湖群島等，歸還中華民國；其他日本以武力或貪欲所攫取之土地，亦務將日本驅逐出境；我三大盟國稔知朝鮮人民所受之奴隸待遇，決定在相當時期，使朝鮮自由與獨立。根據以上所認定之各項目標，並與其他對日作戰之聯合國目標相一致，我三大盟國將堅忍進行其重大而長期之戰爭，以獲得日本之無條件投降。〔註3〕

雖然目前各方對《開羅宣言》還存有異議，但不可否認的是，戰後履行日本領土處理方式的《波茨坦宣言》，其國際法理依據即爲此「宣言」。

此「宣言」中雖然沒有明確言及「琉球」及「釣魚臺群島」，但其所規定的「竊取於中國之領土」及「武力或貪欲所攫取之土地」之內容，成爲戰後「被吞併的琉球」的處理，及海峽兩岸的「中國」，對被日本「偷偷竊取的釣魚臺群島」要求權力的最初法理基礎。

在開羅會議上，美國總統羅斯福曾多次向蔣介石提出，要把琉球交給中國。23 日，美國總統羅斯福在與蔣介石商量日本投降後的領土處理問題時，首次涉及到琉球問題。根據美國官方公佈的記錄，其內容如下：「總統（指羅斯福）……提及琉球群島問題並數次詢問中國是否要求該島。委員長（指蔣主席）答稱將同意與美國共同佔領琉球，並願將來在一個國際組織（即後來的聯合國）的託管制度下，與美國共同管理（該地）。」〔註4〕

復旦大學歷史系和斯坦福大學胡佛研究所合作的「宋子文檔案」系列新書《宋子文生平與資料文獻研究》中也記載，1943 年底開羅會議期間，羅斯福就琉球群島，對蔣介石說：「琉球係許多島嶼組成的弧形群島，日本當年是

〔註3〕 1943 年 12 月 3 日《新華日報》。開羅宣言原文收錄在美國國務院出版的美國條約彙編（參閱：charles i. bevans, treaty and other international agreements of the united states of america 1776～1949, vol. 3, multilateral, 1931～1945, Washington, d.c.: us），日本國會圖書館已經影印保存，網頁上也有原件掃描檔。另外在日本外務省所彙編的「日本外交年表並主要文書」下卷也有官方譯文。

〔註4〕 轉此自丘宏達，《琉球問題研究》，《政大法學評論評論》，1970 年 6 月，第 2 頁。原文參見：Foreign Relations of the United States, Diplomatic Papers: The Conferences at Cairo and Tehran 1943, Washington, D.C.: Government Printing Office, 1961, p.324。

用不正當手段搶奪該群島的，也應予以剝奪。我考慮琉球在地理位置上離貴國很近，歷史上與貴國有很緊密的關係，貴國如想得到琉球群島，可以交給貴國管理。」〔註5〕

另外，在 1946 年顧維鈞發給國民政府外交部長王世杰的電報中，也曾回憶羅斯福有將琉球交還中國統治的意向：「回憶兩年前，羅斯福對顧維鈞曾詢及我與琉球關係，並謂美無意參加代治，中國願意接受否。」〔註6〕

通過以上內容分析來看，羅斯福對「琉球」表態，表明美國在此時期（1943年），已經明確「琉球」不屬於日本，而有意將琉球交由中國治理。這也從另一角度說明，美國對歷史上中琉關係的密切有所瞭解，甚至承認中國在歷史上對琉球的「宗藩」關係，具有近代國家意義上的「主權」關係。

（二）《波茨坦公告》明確規定日本的領土範圍

《波茨坦公告》是中、美、英三國在戰勝德國後，致力於戰勝日本，以及履行開羅宣言等對日本的處理方式的決定。它是 1945 年 7 月 26 日在波茨坦會議上，由美國總統杜魯門、國民政府主席蔣中正和英國首相丘吉爾，聯合發表的一份公告，其名稱為《中美英三國促令日本投降之波茨坦公告》，簡稱《波茨坦公告》或《波茨坦宣言》。

公告宣佈：盟國對日作戰將繼續到日本完全停止抵抗為止，日本政府必須立即投降。公告還規定了盟國接受日本投降的條件，即剷除日本軍國主義；對日本領土進行佔領；實施開羅宣言之條件，解除日本軍隊的武裝，懲辦戰爭罪犯；禁止軍需工業等等。

「波茨坦公告」方的三國為「中、美、英」，與「開羅宣言」的「中、美、蘇」不同，這有著深刻的背景。當時法西斯德國已經投降，日軍在亞洲和太平洋戰場屢遭失敗。而美國的原子彈已經試爆成功。美方認為不借助蘇聯的力量，促使日本投降的條件已經具備。急切希望蘇聯對日作戰之情況，已經轉為擔心蘇聯對日參戰，將會影響其獨佔日本及在遠東的戰略地位。

「波茨坦公告」的發出，使日本政府十分恐慌。還沒有來得急回應之時，8 月 6 日、9 日，美國分別在廣島和長崎長投下原子彈；9 日，蘇聯對日作戰。

〔註5〕 《宋子文檔案揭秘：羅斯福提出「琉球群島歸還中國」》，《新民晚報》，2010年 5 月 21 日。

〔註6〕 《紐約顧維鈞電》，《琉球問題資料》，臺灣中央研究院近代史研究所檔案館所藏，《外交部檔案》419／0008。

日本政府被迫於 10 日通過中立國瑞士，向中、美、英、蘇發出乞降照會。8
月 15 日，日本天皇發表接受《波茨坦公告》的停戰詔書，宣佈無條件投降。

「波茨坦公告」第八條明確規定：「開羅宣言之條件必將實施，而日本之
主權必將限於本州、北海道、九州、四國及吾人所決定其它小島之內。」〔註
7〕此條明確規定了日本的主權領土範圍，但「吾人所決定其它之小島」，是一
個模糊的概念。而這個模糊的概念中，是否包含「琉球」及「釣魚臺群島」，
沒有明文規定。

（三）「琉球」在盟軍指令明確日本的領土範圍之外

「波茨坦公告」雖然明確了戰後日本領土的範圍，但「吾人所決定其它
之小島」內容尚不明確，故盟軍於 1946 年 1 月 29 日發佈「關於非日本領域
各島嶼分離之文件」，來確定「其它小島」之範圍，這份文件即是「對日本政
府指令（SCAP－N－六七七）」，其內容如下：

　　一、茲指令日本帝國政府停止其行使與停止其企圖行使在日本
以外地域之政治的與行政的權限，及在該地域內之政府官吏雇員以
及其他人員等之政治的及行政的權限。

　　二、除盟軍總司令部准許之場合外，日本帝國政府不得同日本
以外地域之政府官員雇員以及其他人員等通信，但經總部准許之航
行通信氣象關係之日常業務不在此限。

　　三、本指令之目的在規定日本領有日本四個主要島嶼（北海道
本州四國九州）及對馬島、北緯三十度以北琉球（南西）群島（口
之島除外）約一千以內之鄰近群島。

　　下列各島不屬於日本。

　　A、鬱林島、竹島、濟州島。

　　B、北緯三十度以南之琉球（西南）群島（包括口之島）、
　　　　伊豆、南方小笠原、火山（硫黃）群島及其它所有在
　　　　太平洋之上島嶼（包括大東群島、沖鳥島、南鳥島、
　　　　中之島）。

　　C、千島群島、哈火馬（？）（ハホマセ）群島（包括水晶

〔註 7〕《波茨坦宣言英文原文與日文翻譯》，日本國立國會圖書館：http://www.ndl.
go.jp/constitution/etc/j06.html

、勇留、秋勇留、志發、多樂群島）、伊凡島（色凡島）

四、下列各地域應不屬於日本帝國政府之政治上及行政上之管轄。

　　A、日本於一九一四年世界大戰開始接受委任統治或以任
　　　何名義奪取佔領之太平洋上之一切島嶼。

　　B、東北四省（滿洲）臺灣及澎湖列島（ヘスカナール）。

　　C、朝鮮。

　　D、樺太。

五、關於日本之定義，除盟軍總部另有規定外，今後凡該部所
頒發之訓令、指令、備忘錄等，均以本指令所定為標準。

六、本指令內諸記載不得認為係盟國間波茨坦宣言第八項所述
關於各島最後規定之政策。

七、日本政府對本指令規定日本以外地域有關日本國內之政府
機關應準備向本司令部提出報告。

八、關於上列第七項所述各機關之全部紀錄須加保存以備本部
之檢查。〔註8〕

　　該份指令除停止日本在本土及諸外佔領地的行政權外，主要明確規定了
日本的領土範圍。此份文件中關於日本領土的規定，使原有的、被日本吞併
的「琉球王國」被分解為兩個部分，即北緯三十度以北之琉球（西南）諸島
屬日本（口之島除外），但北緯三十度以南之部分，並沒有明確的規定。這也
就是說，在北緯 25°40′～26°之釣魚臺群島，不屬於日本領土，但具體屬於哪
裏，沒有明確規定。

（四）麥克阿瑟的指令再次明確「琉球」及「釣魚臺群島」不屬於日本

　　在盟軍指令下達幾天後，麥克阿瑟元帥在 1946 年 2 月 2 日再次下達指令，
就「日本領土」再次進行明確，其具體內容如下；

　　一、日本領土限定於北海道、九州、四國、本州及附近之約一
千個小島。

〔註8〕　《日本疆域問題》，《盟總指定日本疆界》，臺灣中央研究院近代史研究所檔案
　　　　館所藏，《外交部檔案》073.3／0006。

二、「南方」對馬及北緯三十度以北之琉球（西南）諸島屬日本，
但「ケチノ（口之）」島除外。（ケチノ島疑係口永良部島）

除外之島嶼如下：

　　（甲）鬱林島、竹島、濟州島

　　（乙）北緯三十度以南之琉球諸島（包含口之島）伊豆、
　　　　　南方小笠原、火山群島及其他太平洋諸島（包含大
　　　　　東島群島、沖之島、南鳥島、中之島）。

三、「北方」除外諸島

　　（甲）千島諸島（約爲北緯四十四度以北，東經百四十六
　　　　　度以東）、マボマイ群島（水晶島、勇留島、秋勇留
　　　　　島、オヒベツ、多樂島）及色丹島。

四、「東方」除外諸島

　　（甲）日本委任統治諸島。

　　（乙）日本戰時佔領之太平洋諸島（如南鳥島）。〔註9〕

　　麥克阿瑟元帥的指令，全部內容就是規定與明確日本的領土範圍。與盟
軍的「指令」有所不同的是，第四項「東方除外之諸島」中，規定爲「日本
委任統治諸島」及「日本戰時佔領之太平洋諸島」。由於這個指令沒有明確具
體的時間概念，故似乎比「盟軍指令」的範圍更擴大些。

　　綜上內容分析來看，「開羅宣言」時期，中國本有要求收回「琉球」的時
機和條件，但由於蔣介石在「琉球」問題上的曖昧，致使「開羅宣言」沒有
公開提及「琉球」的歸屬，這爲「琉球」未來的託管埋下了伏筆。「波茨坦公
告」雖然規定了戰後日本的領土範圍，但沒有明確規定琉球將來的地位。筆
者認爲，此時期「琉球地位未定」，並不能影響到「釣魚臺群島」，因在歷史
上即 1895 年以前，「釣魚臺群島」本爲中國臺灣之島嶼。而「宣言」及盟軍
指令中，已經明確將臺灣歸還「中華民國」，故其所附屬的「釣魚臺群島」，
理所爲中國領土。但由於「中華民國」交涉「琉球返還」的失敗，最終使「釣
魚臺群島」莫名其妙地成爲了「琉球」的領土而被美國託管。

〔註9〕　《日本領土》，《盟總指定日本疆界》，臺灣中央研究院近代史研究所檔案館所
　　　　藏，《外交部檔案》073.3／0006。

二、「中華民國」爭取「琉球返還」及「釣魚島」劃界

（一）琉球歸屬問題浮出水面

前文曾多次提到，在開羅會議期間，羅斯福有將「琉球」交還中國的意向，並向中國代表蔣介石提出。根據以上記載分析，羅斯福似對中國與琉球歷史上的宗藩關係有所瞭解與承認，並認爲戰後中國有權力要求歸還琉球，同時，似乎也認爲以蔣介石所代表隊的「中國」，在會議時可能會主張琉球應歸屬中國，但令人遺憾的是，蔣介石當時僅要求與美國共同管理琉球群島。

蔣介石究竟出於何種原因，筆者沒有深入的研究，推斷可能與「大西洋憲章」有關。此憲章中的「領土不擴大原則」以及「對國民意志的尊重」，可能是蔣介石沒有提出琉球領土要求的根本原因。

蔣介石早在抗日戰爭期間，就對琉球在中國國防上的重要性，有著深刻的認識：「以國防的需要而論，上述的完整山河系統，如有一個區域受異族的佔據，則全民族，全國家，即失其天然屏障。河、淮、江、漢之間，無一處可以作鞏固的邊防，所以琉球、臺灣、澎湖……無一處不是保衛民族生存的要塞。這些地方的割裂，即爲中國國防的撤除。」〔註 10〕從此上述內容分析來看，蔣介石早就從地緣政治上認識到，琉球對中國國防的重要作用。

但琉球與臺灣在歷史上與「中國」的關係是不同的。臺灣在歷史上明確爲中國之領土，而琉球雖與中國有著宗藩關係，但在 1879 年被日本吞併以前，名義上是獨立的「主權國家」。如果蔣在此時對琉球有領土要求，可能會引起以前曾是中國屬國的國家的疑懼，也會引起其它國家的反感，故蔣介石要求與美國共同佔領琉球。這也表明他認爲中國對於琉球應該享有相關權利。

1945 年 4 月，美軍開始進攻琉球本島，6 月美軍佔領了整個琉球。8 月 15 日，美軍以琉球知識分子爲核心組成了「沖繩咨詢會」，來負責琉球本島的民生工作。這表明日本投降之時，美軍已經完全接收了琉球。

1946 年 1 月 29 日，盟軍發佈對日政府指令，規定日本領土爲四個主要島嶼（北海道、本州、四國、九州）及對馬島北緯三十度以北之琉球群島（口之島除外）約一千個小島。根據該指令，北緯三十度以南之琉球，已經不再屬於日本。故琉球的歸屬問題再次浮出水面。

美國對琉球的未來也曾一度考慮。1946 年 4 月 16 日，麥唐納爵士在下院

〔註 10〕《中國之命運》，正中書局，1953 年，第 6～7 頁。

主張琉球是中國領土,中國應該收回琉球。〔註 11〕另外「當時美國若干官方人員認爲,如果琉球群島轉移主權,應當交予中國或將該群島交聯合國委託管理,而中國單獨執掌行政事宜,則美國亦將同意。」〔註 12〕

以上美國方面於琉球歸屬上的表態,表明在琉球歸屬問題浮出水面後,美國有一部分以歷史上琉球與中國的關係爲根據,支持中國收回琉球。這也是當時中國內部收回琉球論一時沸起之外部因素。

(二)「中華民國」政府意欲收回琉球

而此時「中國朝野幾乎一致的主張要收回琉球,用的字眼爲『歸還』。理由大概是:『琉球不論在歷史上,地理上,都應該是中國的。』」〔註 13〕另外,「中華民國」政府也有利用「琉球革命同志會」等琉球內部的組織,「掌握琉球政權,冀於將來和會時,琉民能以投票方式歸我統治,或由琉球地方政府自內向以保持我在太平洋之鎖鑰。」〔註 14〕

當時「中華民國」政府積極開始相關活動,密電駐琉紅十字會代表團收集相關資料(1946 年 11 月 26 日):「我國收回該群島領土主權之一切資料,似可密飭就地搜集,分電呈報國防部。」〔註 15〕

在國內,1947 年 1 月 30 日,長春縣參議院通過琉球應歸屬中國之決議案,並致電給國民政府主席蔣中正,請求政府早日收回琉球。

中央政府受此影響,策動「琉球同志會」,在 1948 年 9 月 8 日,向各省參議會發電,發起了全國各地自下而上的收回琉球運動。其電報內容如下:

> 全國各省市參議會公鑒:琉球爲中國屬地,琉球人民即中國人民。琉球與中國,息息相關。自明萬曆三十七年日寇第一次侵琉以來,三百餘年間,琉球同胞,時受日寇凌辱,痛恨日寇,深入骨髓,

---

〔註 11〕《倫敦電報》,《琉球人對琉球歸之態度》,臺灣中央研究院近代史研究所檔案館所藏,《外交部檔案》419/0002。

〔註 12〕《琉球群島及其他自日本劃出島嶼處置問題》,《盟總指定日本疆界》,臺灣中央研究院近代史研究所檔案館所藏,《外交部檔案》073.3/0006。

〔註 13〕《論琉球歸屬問題》,《琉球問題資料》,臺灣中央研究院近代史研究所檔案館所藏,《外交部檔案》419/0009。

〔註 14〕《中央執行委員會秘書處給王部長世傑之電報》,《琉琉問題》,臺灣中央研究院近代史研究所檔案館所藏,《外交部檔案》419/0005。

〔註 15〕《爲電轉紅十字會日本代表團來函請轉知物資供應局沖繩島儲整處由》,《琉球問題資料》,臺灣中央研究院近代史研究所檔案館所藏,《外交部檔案》419/0008。

誠欲食其肉而寢其皮。不幸至清光緒五年竟淪為日本郡縣，七十餘
年間，琉球同胞日處水深火熱中，過著奴隸不如之生活，文字被滅，
姓名被改，然而民族正氣長存，革命精神永固，琉球革命志士無時
不與日寇作殊死鬥，以圖反抗強暴，復興民族，殺身成仁，前仆後
繼，英烈史實，可以驚天地而泣鬼神。惟以祖國海洋遙隔，呼籲無
門，僅有翹首雲天，吞聲飲泣而已。八年抗戰，日寇敗降，全琉人
民，不分男女老幼，無不慶幸今後可以撥雲霧而見天日，重返祖國
懷抱，呼吸自由空氣，享受幸福生活。茲者對日和會尚無確期，琉
球歸屬問題，亦尚乏明顯決定，謹此籤請全國父母兄弟諸姑姊妹，
深切注意：琉球與中國有千餘年關係，情同父子骨肉，琉球同胞歸
還祖國之願望，誓必促其實現，絕不容任何人來分離；且從國防地
理上說，琉球與祖國，更應成為一體，祖國無琉球，海防將遭威脅，
琉球無祖國，民族將不能生存，琉球之應歸屬中國，於情於理，毫
無疑義。全琉同胞，誓必繼續努力，爭取民族自由解放，敬乞全國
同胞益加重視琉球問題，惠賜聲援與協辦，中琉同胞密切聯繫，共
同努力，俾能早日達成歸還祖國之最後目標，國家甚幸民族甚幸。
琉球革命同志會敬叩。〔註16〕

在「琉球同志會」的呼籲下，其它各省市議會也陸續發電給國民政府，
要求政府收回琉球。同年 12 月 31 日，永春縣參議會一致通過收回琉球之決
議案。1948 年 1 月 14 日，北平市參議員將決議案，代電給南京政府外交部長
王世杰，表示中央政府應表明收回琉球之意志。1948 年 1 月 21 日，崇安縣參
議院發電；22 日，河北省臨時參議會；29 日，熱河省臨時參議會；2 月 5 日，
湖南省參議會；24 日，江西省參議會；3 月 1 日，福建省汀縣參議會等，都
通過琉球應予歸還中國的決議案，並將其公文寄給國民政府外交部，籲請儘
快使琉球歸屬中國。〔註17〕

雖然「中華民國」政府主張收回琉球，但對外卻沒有發佈任何正式聲明。
只是經由內部媒體積極表明中央政府對琉球的見解。而官方的正式表態，則

〔註16〕 《快郵代電》，《籤請收回琉球》臺灣中央研究院近代史研究所檔案館所藏，《外
交部檔案》019.12／0018。
〔註17〕 《琉球問題》，臺灣中央研究院近代史研究所檔案館所藏，《外交部檔案》419
／0005。

是在 1947 年 10 月 18 日。當時行政院院長張群參加國民參政會駐會委員會第七次會議，提到琉球關係時，他表示：「琉球群島與我國關係特殊，應該歸還我國。」〔註18〕這是國民黨政府要員首次明確表示對琉球領土態度。

如前所述，當戰後琉球歸屬問題再次浮出水面時，中國各地方政府似乎一致希冀琉球的歸還，當時的「中華民國」政府也為收回琉球，進行各種活動，探討琉球歸屬中國的可行性。同時，也密令外交部當局調查同盟各國對於琉球歸屬問題的想法，並就琉球回歸中國進行具體的研究分析。另外有相當多的檔案資料證明，當時國民黨意欲收回琉球之時，還就琉球的領土劃界問題及歸屬問題進行具體的研究。

（三）「琉球」與中國劃界中涉及到「釣魚臺群島」

不管中國是否收回琉球，都必須先就「琉球」本身的範圍進行界定。當時的「中華民國」政府積極就此進行研究，提出自己的見解。

首先就「琉球」的區域範圍，見於國民政府外交檔案中的《琉球群島及其他自日本劃出島嶼處置問題》，這份文件用紙上注有「國防部第二廳」，故推斷可能為國防部所提出。它對戰後「琉球領土」的界定分為「琉球本部及其所屬島嶼」：

（一）琉球群島本部原分為北中南三部，中部為沖繩群島（包括伊平屋諸島及慶良間群島）；南部為先島群島（宮古群島、八重山諸島、尖閣諸島位於東經一百二十三度至一百二十四度及二十五度三十分至二十六度間及赤尾嶼位於東經一百二十四度至一百二十五度北緯二十五度三十分至二十六度之間）；在日本佔領時代合稱沖繩縣北部諸島，可分為種子諸島、吐噶喇列島、奄美群島三部，過去均屬於九州之鹿兒島管轄。盟軍總部指令脫離日本之琉球群島範圍係在北緯三十度以南包括口之島在內即為琉球原有之區域。

（二）琉球所屬東南之大東群島（北大東島南大東島及沖大東島）距琉球約二百海里，為琉球之前衛，在行政系統上原屬琉球島（尻）郡管轄，故仍應屬琉範圍。〔註19〕

〔註18〕 《琉球》行政院新聞局，1947 年，第 1 頁。
〔註19〕 《琉球群島及其他自日本劃出島嶼處置問題》，《盟總指定日本疆界》，臺灣中央研究院近代史研究所檔案館所藏，《外交部檔案》073.3／0006。

值得注意的是，儘管此從文件將「釣魚臺群島」放在琉球領土範圍內，但卻將其經緯度細緻地標寫出來。

其次就琉球與中國的劃界問題，「中華民國」駐日代表團曾在《關於解決琉球問題之意見》，提出琉球與中國的劃界問題。此問題包括兩個部分：第一為琉球與日本之劃界問題；第二為琉球與中國之劃界問題，此部分涉及到「釣魚臺群島」。其內容如下：

（甲）本問題之焦點在於八重山列島及宮古列島是否應劃入琉球之範圍。對於此問題，我方似可提出如下之意見：此二島昔當1878 至 1880 年間中日交涉琉球問題時，日方因美總統格蘭特調停，曾建議將此二島割讓中國，因此二島位於琉球群島南部與中國領土相接近，規我國似可，根據此點要求將此二島劃歸我領土。

（乙）如八重山及宮古二列島未能劃歸於我，則尖閣諸島（位於東經一百二十三度至一百二十四度及北緯二十五度至二十八度之間）及赤尾嶼（位於東經一百二十四度至一百二十五度及北緯二十五度至二十八度之間）二地之劃歸問題似亦值得注意談。二地琉球史上未見記載，日本詳細地圖（如昭和十二年一月十日訂正發行之最近調查大日本分縣地圖並地名）雖亦載有該二地，然琉球地名表中並未將其列入且該地距臺灣甚近。目下雖劃入盟軍琉球佔領區，但究能否即認為屬於琉球，不無疑問。〔註20〕

從以上內容分析來看，「中華民國」政府對琉球的劃界，基本上是按照盟軍指令，但就中琉之界線，則有不同的考量。

要求「八重山列島」及「宮古列島」歸於中國，即是將中國與「琉球」的界線由歷史上的「黑水溝」，推到八重山宮古，而此種劃分要求的法理根據，是 1880 年時日本曾表達願意將此二列島劃給中國。另外，當時駐琉美軍以沖繩本島為主要統治區，位於琉球群島南部的宮古諸島及八山重諸島，尚未處於美軍的統治之下。

〔註20〕 《關於解決琉球問題之意見》，臺灣中央研究院近代史研究所檔案館所藏，《外交部檔案》419／0009。

而值得我們特別重視的是，「中華民國」政府確定在上述要求不能達到之時，又退而要求將「尖閣諸島」「赤尾嶼」劃歸給中國，也就是欲將「釣魚臺群島」作爲中琉的邊界中方的一部，理由是「二地琉球史上未見記載」、「該地距臺灣甚近」等。從其理由來看，當時的「中華民國」政府，似乎對歷史上中琉以「黑水溝」作爲邊界的事實並不清楚，另外，對日本偷偷竊取「釣魚臺群島」的歷史更不瞭解，雖認爲琉球歷史上沒有相關記載，但是否爲中國領土，有疑問，也不敢確定，故不能理直氣壯地將原本爲中國領土的「釣魚臺群島」索回。

三、美國教唆菲律賓反對國民政府收回琉球

「中華民國」政府雖積極謀劃收回琉球，但基本上都是以民間議會的形式。由政府出面主張收回琉球，只有行政院張群院長在國民參政會時提及。張群此言並不是專門就琉球歸屬進行的，只是提出自己的見解，儘管這樣，國外馬上出現不同的聲音。

1947 年 11 月 15 日，「益世報」報導：「對我收回琉球要求，美認係『討價手段』，竟主張理論琉球歸日。」同一天的「東南日報」也同樣地報導「我要求收回琉球，美竟視爲討價手段，認我在和會中可能讓步。」〔註21〕

就連當時的戰敗國日本，也在 1947 年 11 月，以備忘錄的形式，向盟軍總部提出：「未來日本有機會要求收回琉球。」〔註22〕筆者沒有查閱到此份文件的原檔，但記載出於「中華民國」外交部的文書，故推斷可能是日本政府，得到張群院長對琉球的發言之消息後，馬上向盟軍司令部表達自己對琉球未來的想法。而明確提出反對國民政府收回琉球的，則是菲律賓。

1947 年 11 月 3 日，《馬尼拉公報》第一版上登載記者 Rolph.G.Hawkins 的報導，稱「由菲律賓外交部職員方面探悉，菲律賓政府將反對中國收回琉球群島，菲外部人員並已準備採取步驟，在對日和會中提出反對，並在聯合國中表明其立場，蓋琉球之特殊地位足以影響菲律賓之安全，故菲律賓政府主張，如美國放棄琉球，則菲律賓將提議將該島交聯合國託管。又關於臺灣問題，則菲律賓政府主張民族自決云。」〔註23〕

〔註21〕《琉球問題剪報》，臺灣中央研究院近代史研究所檔案館所藏，《外交部檔案》019.1／0020。
〔註22〕《日本對琉球活動情形》，《簽請收回琉球》臺灣中央研究院近代史研究所檔案館所藏，《外交部檔案》019.12／0019。
〔註23〕《菲政府反對中國收回琉球之內幕》，《琉球問題資料》，臺灣中央研究院近代史研究所檔案館所藏，《外交部檔案》419／0008。

　　從此篇報導的內容分析來看，似乎是菲律賓政府反對「中華民國」收回琉球，但蹊蹺難解的是，此項報導揭出當日下午，菲律賓外長發表書面聲明，否認其事：「謂菲外部人員未發表此項聲明，亦未採取任何步驟，以反對中國之要求。」〔註24〕

　　菲外長的「書面聲明」明確顯示，菲律賓方面似無反對「中華民國」收回琉球，但次日《馬尼拉公報》再次發表社論，「強調反對中國收回琉球，並主張臺灣民族自決，略謂菲外部之動議，似係繼藉中國行政院長張群最近發表收回琉球之主張而來，中國之理由不外該島在歷史上曾受中國一度之統治而已，張院長之聲明乃係用以試探國際政治輿情之動向者。琉球在經濟上，並無價值，惟在軍事上則價值殊大。此次戰事，已經證實美軍在該島犧牲流血，為數甚巨，戰後建設耗費亦多，為是，蓋朝鮮之民族自決，已成為世界問題，臺灣人民或許願受中國統治，不過在國際會議中，應給臺灣人民以表示其意志之機會耳。」〔註25〕

　　不但菲律賓方面，日本方面也於當時「發表收回琉球及共管臺灣之謬論」〔註26〕。此消息記錄於臺灣中央研究院所收藏的外交部檔案《日本對琉球活動情形》中。筆者沒有查到更詳細的相關資料，但連日本都提出「共管臺灣」之言論，可推想這不太可能是出自日本政府的主張，而最好的隱形提議者，就是實際佔領琉球的美國。

　　而此推斷更由菲方報紙的主辦人得到證明。《馬尼拉公報》敢於與菲外交部相抗衡，自有其深刻之背景，即它是旅菲美國人所創辦。而報導之記者Hawkins的消息來源，是奉命研究對日和會菲方主張的菲外交部職員普羅帕度（Generoso Prorido）。

　　該人曾就此問題提出相關報告，內容屬秘密檔，沒有公開發表，但其在私人談話時曾有所流露。對於琉球問題，其主張交聯合國託管，認為「謹將歷史上該島曾受中國管轄，似不充分，若謂琉球為中國之屏藩，則該島亦係菲律賓之屏藩，以軍事而論，互有唇亡齒寒之感，故應以歸聯合國託管為是。」〔註27〕

〔註24〕《菲政府反對中國收回琉球之內幕》，《琉球問題資料》，臺灣中央研究院近代史研究所檔案館所藏，《外交部檔案》419／0008。

〔註25〕同上註。

〔註26〕《日本對琉球活動情形》，《簽請收回琉球》臺灣中央研究院近代史研究所檔案館所藏，《外交部檔案》019.12／0019。

〔註27〕同上註。

　　由於 Prorido 的言論早於張群發表談話之前，而其內容與《馬尼拉公報》又大致相同，故國民黨政府對未來菲律賓在琉球問題上的主張，持懷疑態度，也認為這可能出自美國的授意。

　　那麼美國為什麼不再願意將琉球交還給中國？筆者認為可能是出自以下幾個原因：

　　首先、戰後不久，同盟國各國尚未抹掉日本侵略之記憶，因此各國認為為阻止日本再侵犯，在日本附近需要軍事據點，美國國防部基於各國之意見，強硬主張美國不得放棄琉球群島。

　　其次、駐琉美軍在沖繩本島逐步建設軍事設施，逐漸擴大其規模，琉球已經逐漸變成為美軍在東亞的主要軍事基地。

　　第三、戰後美國雖單獨佔領了日本，但將日本改造為符合美國在亞洲和遠東戰略需要的附屬國，需要一段時間，故強大的軍事基地存在，可起著威懾作用。

　　第四、在當時格局，蘇聯與美國是敵對的，「中華民國」是前途未測，而琉球軍事基礎是美國形成對中國戰略包圍及對亞洲軍事威懾的基礎與保障。

　　第五、1945 年 9 月，美軍登陸韓國，朝鮮半島問題的羈絆，使美國意識到必須保有琉球的軍事基礎。

　　第六、國民黨政府在當時國內內戰吃緊，美國無法預知其未來，恐其自身難保殃及琉球。

　　基於以上幾點，儘管當時美國政府內沒有對琉球群島一致的政策，但駐琉美軍在沖繩本島逐步地建設軍事設施，逐漸擴大其規模，琉球變成為美軍在東亞的主要軍事據點與前沿陣地。而國民黨在大陸節節敗退，美國自不放心將「琉球」交還給「中華民國」。

四、風雨飄搖的「中華民國」政府態度的轉變

　　美國在挑唆菲律賓政府，以「臺灣民族自決」為利器，阻斷「中華民國」政府收回琉球的同時，又向國民政府的外交部門進行施壓。在外交部呈交給政府主席蔣中正及行政院長張群的《關於處置琉球群島之意見》中，言：「至於琉球群島，美對之亦甚注意，（近日）曾一再向我探詢態度。」〔註28〕

〔註28〕《關於處置琉球群島之意見（附琉球問題節略）》、《關於處理琉球群島之意見》，臺灣中央研究院近代史研究所檔案館所藏，《外交部檔案》419／0011。

另外，顧維均也向外交部發電表示：「兩年各方面情形已變，但美亦不贊成蘇聯染指。爲中美計，最好改爲聯合國託地，於若干年內助其獨立。但爲應付蘇聯，請先由我根據歷史地理關係，要求爲代治國，如蘇聯反對，改爲中美代治，再不能同意，則最後先爲聯合國直接代治，以圖根本打消蘇聯野心。但此層須先與美方密商，彼此諒解後，由我提出書面意見爲妥。」〔註29〕

根據這些資料分析來看，美國在戰後完全掌握了琉球歸屬問題的主導權，是唯一能夠決定琉球將來地位的國家。特別是在蘇聯與美國形成冷戰的態勢下，蘇聯可能有拿一些問題制衡美國。〔註30〕在此情況下，作爲美國盟友的「中華民國」，肯定無法忽視美國對琉球歸屬問題之意見。

根據王海濱在《琉球名稱的演變與沖繩問題的產生》中的研究，當時美國政府內部，對琉球未來的歸屬，沒有取得一致的意見，美國國務院和國防部的存在著嚴重的分歧，故對琉球的未來地位，沒有最後確定，但美國政府此時已經決定，在處理琉球地位的過程中，排除中國的影響。〔註31〕

1948 年 4 月 24 日，「新民報」報導「我收回琉球議案，美國務院不評論。」〔註32〕美國的相關資料筆者沒有查到，但單從此報導來看，表明美國政府不再願意承認「中華民國」政府對琉球有正當要求，故也可反證當時美國政府，已開始阻止中國收回琉球，並企圖單獨佔領琉球。

而此時期國民黨政府正處於風雨飄搖內戰吃緊之際，更需以美國爲首的西方國家的支持，自不敢輕視美國之意見。同時，自身難保的「中華民國」政府，也認爲目前討論「琉球的復歸」可能性也不存在，故當時民國政府外交部門，經反復研究，以聯合國憲章爲法理依據，尊重民族自決之精神爲前提，以聯合國憲章中的國際託管制度，探討能否以「託管制度」來統治琉球

〔註29〕《紐約顧維鈞電》，《琉球問題資料》，臺灣中央研究院近代史研究所檔案館所藏，《外交部檔案》419／0008。

〔註30〕蘇聯似意欲就地中海及太平洋取得託管治協定，曾投反對票，並聲明根據該項協定而成立託治理事會，爲違反憲章，似存心力爭，意圖要挾，俾於將來處理美國屬地及日本太平洋島嶼時，堅持其要求作爲取消反對之交換條件。參見：《紐約顧維鈞電》，《琉球問題資料》，臺灣中央研究院近代史研究所檔案館所藏，《外交部檔案》419／0008。

〔註31〕王海濱，《琉球名稱的演變與沖繩問題的產生》，《日本學刊》，2006 年第二期，第 29～41 頁。

〔註32〕《琉球問題剪報》，臺灣中央研究院近代史研究所檔案館所藏，《外交部檔案》019.1／0020。

群島。〔註 33〕爲未來能夠有機會收回琉球創造條件。這樣即平息國內要求解決琉球問題之呼吁，同時也避免與其它國家的矛盾，特別是與琉球實際佔領國美國之間的暗鬥。

1948 年 3 月，「中華民國」政府外交部向行政院院長張群提交了《關於琉球問題審議結論摘要》，建議政府以單獨託管爲主。其內容如下：

關於琉球問題之解決辦法，是資我國考慮之主張不外以下數端：

甲、歸還我國或交我託管

程序：一、我與美先行協商，先要求歸還，次主張由中國託管。因美已託管日前委任統治地，且可能託管小笠原、硫黃諸島，如再要求琉球託管，易遭反對，好似不能獲同意則可考慮准美國在琉球若干據點於一定期間內，建立軍事基地。

二、由對日和會決議琉球交中國託管。

三、中國提出託管琉球之協定草案提請聯合國核准。

乙、中美共同託管

丙、美國託管

丁、琉球爲聯合國保護下之自由領土

辦法：一、盟國及日本承認琉球爲自由區，並由聯合國安全理事會保證該區之完整及獨立。

二、自由區之總督或行政長官，由安全理事會任命之，總督人選且必須獲及中國之同意，總督不能爲日人或自由區之公民，總督任期五年不能連任，薪津津貼由聯合國負擔。

三、自由區應絕對保持中立化，及非軍事化之原則，除及（沒）安全理事會訓令外，不准駐有武裝軍隊。

四、自由區不准有軍事組織或與任何國家訂立或商議任何軍事協定。

〔註 33〕 《籲請收回琉球》，臺灣中央研究院近代史研究所檔案館所藏，《外交部檔案》019.12／0019。

五、詳細辦法規定可比照脫里斯自由區議定。〔註34〕

從「摘要」內容分析來看,「中華民國」外交部參照聯合國託管制度的相關規定,認為有四種辦法,但其重點是探討由中國單獨託管琉球的可行性。其內涵為若聯合國承認中國以託管制度管理琉球,即是中國能夠以間接方式收回琉球,將來可以享有對琉球的領土主權,且可以在未來以合法程序,由美國移交琉球管轄權。

另外,外交部門也將最後的研究報告,上報給蔣介石及行政院長張群:

經本部慎重研究,琉球與我止於朝貢關係,種族、文化,亦非相同,況盟國在戰時曾有不為自身擴張領土之宣言。我如要求歸併琉球,理由似尚欠充分。惟琉球隸我藩屬,歷有年所,過去日本強行吞併,我國迄未承認,且地處我東海外圍,密近臺灣,國防形勢,頗為重要,我似可主張由我託管,以扶植琉民之自治與獨立,必要時並可將其中大琉球一島,供給美方作為軍事基地,共同使用,此似可作為我對琉球之第一號辦法。

另有考慮者,琉球地瘠民貧,經濟上本難自足,我國今日實力未充,保衛及治理或恐難期周到,且美軍在攻佔琉球時,犧牲重大,近並建有永久性軍事設備,甚有作為該國在西太平洋基地之趨勢,我如不擬獨負託管責任,或美方不能同意由我託管琉球,此似可作為我對琉球之第二步辦法。〔註35〕

從外交部提交給蔣介石的報告中可以看出,當時的「中華民國」政府,已經向美國妥協,認為要求收回琉球的「理由似尚欠充分」,不再要求收回琉球,而是要求成為託管國,以扶持「自治與獨立」,但也做出最後放棄之考慮,即是「我如不擬獨負託管責任,或美方不能同意由我託管琉球,此似可作為我對琉球之第二步辦法。」這就是說,當時「中華民國政府」內部,已經懷有最終由美國託管琉球的準備。

隨著國民黨敗退到臺灣,1950 至 1951 年美國對日和約時,「中華民國」政府沒有作為,任由美國處理琉球問題。

〔註34〕 《關於琉球問題審議結論摘要》,《琉球問題資料》,臺灣中央研究院近代史研究所檔案館所藏,《外交部檔案》419／0009。

〔註35〕 《關於處置琉球群島之意見(附琉球問題節略)》,《關於處理琉球群島之意見》,臺灣中央研究院近代史研究所檔案館所藏,《外交部檔案》419／0011。

美國於 1950 年 10 月 20 日由國務院顧問杜勒斯向駐美大使顧維鈞提出對日和約七項原則節略，其中就琉球地位一節規定爲：「同意將琉球及小笠原群島交由聯合國託管，以美國爲治理國。」〔註36〕後又於次年 3 月 28 日向顧維鈞提交對日和約初稿時，在第四條中將「琉球」未來改由美國自行決定是否要交「託管」：「美國得向聯合國建議，將……琉球群島……置於託管制度之下，並以美國爲其管理當局。在提出此項建議並就此項建議，美國有權對此等島嶼之領土暨其居民，包括此等島嶼之領水，行使一切行政、立法及管轄之權力。」〔註37〕而對於美國單獨對琉球的決定，「中華民國」政府表示「完全予以贊同」〔註38〕。

小結

綜上所述，在開羅會議期間，琉球歸屬第一次浮出水面，但由於蔣介石的失誤，致使在開羅宣言中喪失琉球未來回歸「中國」的定位。二戰結束以後，「中華民國」政府也曾積極地主張收回琉球，這其中就包括了「釣魚臺群島」，更在中琉劃界問題上，提出以「釣魚臺群島」作爲中國與琉球之中方邊界，但由於美國教唆菲律賓政府提出反對，並以「臺灣自決」相抗衡，至使風雨飄搖的「中華民國」，連退而要求將中琉分界線劃在「釣魚臺列島」以外的想法，也沒有實現。這樣「釣魚臺群島」就被裹挾到「琉球群島」中，進而以「琉球」的一部分，最後被美國所託管。美國擔心「中華民國」政府自身難保，更怕蘇聯染指琉球，後提出日本對「琉球」有「剩餘主權」，這爲日後將琉球交給日本埋下伏筆，更爲「釣魚臺」之爭種下了隱患之種。

〔註36〕 《金山和約與中日和約的關係》，《中日外交史料叢編》（一八），中華民國外交問題研究會，1966 年，第 10 頁。
〔註37〕 同上，第 15 頁。
〔註38〕 同上，第 32 頁。

參考文獻

一、日本國立公文書館所收藏原始檔案

1. 《単行書・處蕃書類蕃地事務局諸表類纂》，A03031149300。
2. 《単行書・處蕃提要後編並附錄共》，A03031149215。
3. 《単行書・處蕃提要後編・第七卷》，A03031144700。
4. 《単行書・處蕃提要後編・第六卷》，A03031143400。
5. 《単行書・處蕃提要後編・第五卷》，A03031141900。
6. 《単行書・處蕃提要後編・第四卷》，A03031140100。
7. 《単行書・處蕃提要後編・第三卷》，A03031137900。
8. 《単行書・處蕃提要後編・第二卷》，A03031136900。
9. 《単行書・處蕃提要後編・第一卷》，A03031135800。
10. 《単行書・處蕃提要・第六卷》，A03031133600。
11. 《単行書・處蕃提要・第五卷》，A03031129500。
12. 《単行書・處蕃提要・第四卷》，A03031126500。
13. 《単行書・處蕃提要・第三卷》，A03031123500。
14. 《単行書・處蕃提要・第二卷》，A03031119800。
15. 《単行書・處蕃提要・第一卷》，A03031117200。
16. 《単行書・處蕃類纂・第三十八卷》，A03031113000。
17. 《単行書・處蕃類纂・第三十七卷》，A03031107200。
18. 《単行書・處蕃類纂・第三十六卷》，A03031105900。
19. 《単行書・處蕃類纂・第三十五卷》，A03031104800。
20. 《単行書・處蕃類纂・第三十四卷》，A03031102900。

21. 《單行書‧處蕃類纂‧第三十三卷》，A03031096500。
22. 《單行書‧處蕃類纂‧第三十二卷》，A03031090400。
23. 《單行書‧處蕃類纂‧第三十一卷》，A03031083300。
24. 《單行書‧處蕃類纂‧第三十卷》，A03031078500。
25. 《單行書‧處蕃類纂‧第二十九卷》，A03031074700。
26. 《單行書‧處蕃類纂‧第二十八卷》，A03031071900。
27. 《單行書‧處蕃類纂‧第二十七卷》，A03031070200。
28. 《單行書‧處蕃類纂‧第二十六卷》，A03031068500。
29. 《單行書‧處蕃類纂‧第二十五卷》，A03031067100。
30. 《單行書‧處蕃類纂‧第二十四卷》，A03031064400。
31. 《單行書‧處蕃類纂‧第二十三卷》，A03031062700。
32. 《單行書‧處蕃類纂‧第二十二卷》，A03031059300。
33. 《單行書‧處蕃類纂‧第二十一卷》，A03031055100。
34. 《單行書‧處蕃類纂‧第二十卷》，A03031052200。
35. 《單行書‧處蕃類纂‧第十九卷》，A03031049100。
36. 《單行書‧處蕃類纂‧第十八卷》，A03031043300。
37. 《單行書‧處蕃類纂‧第十七卷》，A03031036500。
38. 《單行書‧處蕃類纂‧第十六卷》，A03031028900。
39. 《單行書‧處蕃類纂‧第十五卷》，A03031024300。
40. 《單行書‧處蕃類纂‧第十四卷》，A03031021800。
41. 《單行書‧處蕃類纂‧第十三卷》，A03031017200。
42. 《單行書‧處蕃類纂‧第十二卷》，A03031013100。
43. 《單行書‧處蕃類纂‧第十一卷》，A03031011200。
44. 《單行書‧處蕃類纂‧第十卷》，A03031009900。
45. 《單行書‧處蕃類纂‧第九卷》，A03031008500。
46. 《單行書‧處蕃類纂‧第八卷》，A03031007400。
47. 《單行書‧處蕃類纂‧第七卷》，A03031005600。
48. 《單行書‧處蕃類纂‧第六卷》，A03031004800。
49. 《單行書‧處蕃類纂‧第五卷》，A03031004500。
50. 《單行書‧處蕃類纂‧第四卷》，A03031003000。
51. 《單行書‧處蕃類纂‧第三卷》，A03031001000。
52. 《單行書‧處蕃類纂‧第二卷》，A03030997700。

53. 《単行書・處蕃類纂・第一卷》，A03030995000。

54. 《単行書・處蕃類纂外編總目・完》，A03030991000。

55. 《単行書・處蕃類纂拾遺》，A03030982400。

56. 《単行書・處蕃類纂拾遺・詔勅及達伺》，A03030973900。

57. 《単行書・處蕃類纂拾遺》，A03030967100。

58. 《単行書・處蕃類纂》，A03030963700。

59. 《単行書・處蕃類纂・雜件》，A03030958100。

60. 《単行書・處蕃類纂・雜件》，A03030953600。

61. 《単行書・處蕃類纂》，A03030952300。

62. 《単行書・處蕃類纂》，A03030946500。

63. 《単行書・處蕃類纂》，A03030942300。

64. 《単行書・處蕃類纂・會計・自十二月一日至同月二十八日》，
    A03030935500。

65. 《単行書・處蕃類纂・會計・自十一月二日至同月》，A03030929300。

66. 《単行書・處蕃類纂・會計》，A03030918500。

67. 《単行書・處蕃類纂》，A03030912900。

68. 《単行書・處蕃類纂・會計》，A03030906600。

69. 《単行書・處蕃類纂・會計・自七月二日至八月三十一日》，
    A03030896100。

70. 《単行書・處蕃類纂・會計・自六月一日至同月三十日》，
    A03030888600。

71. 《単行書・處蕃類纂・會計・自三月三十一日至五月三十一日》，
    A03030875900。

72. 《単行書・處蕃類纂》，A03030871500。

73. 《単行書・處蕃類纂》，A03030866400。

74. 《単行書・處蕃類纂》，A03030863900。

75. 《単行書・處蕃類纂》，A03030858600。

76. 《単行書・處蕃類纂》，A03030850500。

77. 《単行書・處蕃類纂》，A03030847400。

78. 《単行書・處蕃類纂・汽船買收・自四月三十日至八月三十日》，
    A03030839700。

79. 《単行書・處蕃類纂》，A03030821800。

80. 《単行書・處蕃類纂》，A03030800100。

81. 《単行書・處蕃類纂》，A03030785400。

82. 《単行書・處蕃類纂》，A03030774500。

83. 《単行書・處蕃類纂》，A03030756500。

84. 《単行書・處蕃類纂》，A03030735500。

85. 《単行書・處蕃類纂》，A03030733100。

86. 《単行書・處蕃類纂》，A03030721900。

87. 《単行書・處蕃類纂・官署往復》，A03030716000。

88. 《単行書・處蕃類纂・官署往復》，A03030709500。

89. 《単行書・處蕃類纂・官省往復》，A03030702900。

90. 《単行書・處蕃類纂・官省往復》，A03030692100。

91. 《単行書・處蕃類纂・官省往復》，A03030686500。

92. 《単行書・處蕃類纂・官省往復》，A03030675300。

93. 《単行書・處蕃類纂・官省往復》，A03030662000。

94. 《単行書・處蕃類纂・官署往復・自八月一日至同月三十日》，
A03030649800。

95. 《単行書・處蕃類纂・官署往復・自七月二日至同月三十一日》，
A03030641600。

96. 《単行書・處蕃類纂・官署往復・自五月一日至六月三十日》，
A03030632000。

97. 《単行書・處蕃類纂・官署往復》，A03030625300。

98. 《単行書・處蕃類纂》，A03030607700。

99. 《単行書・處蕃類纂》，A03030596000。

100. 《単行書・處蕃類纂・支局往復・自八月一日至同月二十九日》，
A03030586400。

101. 《単行書・處蕃類纂・支局往復・自七月二日至同月三十一日》，
A03030573700。

102. 《単行書・處蕃類纂・支局往復・自六月一日至同月三十日》，
A03030564700。

103. 《単行書・處蕃類纂・支局往復・自四月十五日至五月三十一日》，
A03030557100。

104. 《単行書・處蕃類纂》，A03030553200。

105. 《単行書・處蕃類纂・詔勅及達伺》，A03030545500。

106. 《単行書・處蕃類纂・詔勅及達伺》，A03030534200。

107. 《単行書・處蕃類纂・詔勅及達伺》，A03030527100。

108. 《単行書・處蕃類纂》，A03030523200。

109. 《単行書・處蕃類纂・詔勅及達伺》，A03030515300。

110. 《単行書・處蕃類纂・窺達・自六月二日至八月三十一日》，A03030506000。

111. 《単行書・處蕃類纂》，A03030493400。

112. 《単行書・處蕃類纂内編總目・前函下》，A03030493350。

113. 《単行書・處蕃類纂内編總目・前函上》，A03030493310。

114. 《単行書・處蕃始末總目・下》，A03030493000。

115. 《単行書・處蕃始末總目・上》，A03030492800。

116. 《単行書・處蕃始末・拾遺之四》，A03030490200。

117. 《単行書・處蕃始末・拾遺之三》，A03030485200。

118. 《単行書・處蕃始末・拾遺之二》，A03030482700。

119. 《単行書・處蕃始末・拾遺之一》，A03030480000。

120. 《単行書・處蕃始末・附錄之二十五・漢新聞》，A03030479400。

121. 《単行書・處蕃始末・附錄之二十四・漢新聞》，A03030479000。

122. 《単行書・處蕃始末・附錄之二十三・漢新聞》，A03030478700。

123. 《単行書・處蕃始末・附錄之二十二・漢新聞》，A03030478400。

124. 《単行書・處蕃始末・附錄之二十一・洋新聞》，A03030478100。

125. 《単行書・處蕃始末・附錄之二十・洋新聞》，A03030477800。

126. 《単行書・處蕃始末・附錄之十九・洋新聞》，A03030477500。

127. 《単行書・處蕃始末・附錄之十八・洋新聞》，A03030477200。

128. 《単行書・處蕃始末・附錄之十七・洋新聞》，A03030476200。

129. 《単行書・處蕃始末・附錄之十六・洋新聞》，A03030475900。

130. 《単行書・處蕃始末・附錄之十五・洋新聞》，A03030475500。

131. 《単行書・處蕃始末・附錄之十四・洋新聞》，A03030475200。

132. 《単行書・處蕃始末・附錄之十三・洋新聞》，A03030474900。

133. 《単行書・處蕃始末・附錄之十二・洋新聞》，A03030474600。

134. 《単行書・處蕃始末・附錄之十一・新聞類》，A03030474200。

135. 《単行書・處蕃始末・附錄之十・新聞類》，A03030473700。

136. 《単行書・處蕃始末・附錄之九・新聞類》，A03030473400。

137. 《単行書・處蕃始末・附錄之八・新聞類》，A03030473100。

138. 《單行書‧處蕃始末‧附錄之七‧新聞類》，A03030472800。

139. 《單行書‧處蕃始末‧附錄之六‧新聞類》，A03030472500。

140. 《單行書‧處蕃始末‧附錄之五‧新聞類》，A03030472200。

141. 《單行書‧處蕃始末‧附錄之四‧新聞類》，A03030471900。

142. 《單行書‧處蕃始末‧附錄之三‧新聞類》，A03030471600。

143. 《單行書‧處蕃始末‧附錄之二‧新聞類》，A03030471300。

144. 《單行書‧處蕃始末‧附錄之一‧職外建言並節儉方法》，A03030469000。

145. 《單行書‧處蕃始末‧乙亥五月之四‧第一百十二冊》，A03030465400。

146. 《單行書‧處蕃始末‧乙亥五月之三‧第一百十一冊》，A03030462900。

147. 《單行書‧處蕃始末‧乙亥五月之二‧第一百十冊》，A03030459900。

148. 《單行書‧處蕃始末‧乙亥五月之一‧第一百九冊》，A03030457000。

149. 《單行書‧處蕃始末‧乙亥四月之三‧第一百八冊》，A03030454200。

150. 《單行書‧處蕃始末‧乙亥四月之二‧第一百七冊》，A03030450400。

151. 《單行書‧處蕃始末‧乙亥四月之一‧第一百六冊》，A03030446700。

152. 《單行書‧處蕃始末‧乙亥三月之四‧第一百五冊》，A03030444300。

153. 《單行書‧處蕃始末‧乙亥三月之三‧第一百四冊》，A03030440500。

154. 《單行書‧處蕃始末‧乙亥三月之二‧第一百三冊》，A03030436600。

155. 《單行書‧處蕃始末‧乙亥三月之一‧第一百二冊》，A03030432700。

156. 《單行書‧處蕃始末‧乙亥二月之四‧第一百一冊》，A03030428600。

157. 《單行書‧處蕃始末‧乙亥二月之三‧第一百冊》，A03030424800。

158. 《單行書‧處蕃始末‧乙亥二月之二‧第九十九冊》，A03030420500。

159. 《單行書‧處蕃始末‧乙亥二月之一‧第九十八冊》，A03030416200。

160. 《單行書‧處蕃始末‧乙亥一月之五‧第九十七冊》，A03030410000。

161. 《單行書‧處蕃始末‧乙亥一月之四‧第九十六冊》，A03030405400。

162. 《單行書‧處蕃始末‧乙亥一月之三‧第九十五冊》，A03030403500。

163. 《單行書‧處蕃始末‧乙亥一月之二‧第九十四冊》，A03030399300。

164. 《單行書‧處蕃始末‧乙亥一月之一‧第九十三冊》，A03030393700。

165. 《單行書‧處蕃始末‧甲戌十二月之十‧第九十二冊》，A03030390800。

166. 《單行書‧處蕃始末‧甲戌十二月之九‧第九十一冊》，A03030386100。

167. 《單行書‧處蕃始末‧甲戌十二月之八‧第九十冊》，A03030382900。

168. 《單行書‧處蕃始末‧甲戌十二月之七‧第八十九冊》，A03030379500。

169. 《單行書‧處蕃始末‧甲戌十二月之六‧第八十八冊》，A03030375700。

170. 《單行書・處蕃始末・甲戌十二月之五・第八十七冊》，A03030372100。

171. 《單行書・處蕃始末・甲戌十二月之四・第八十六冊》，A03030369000。

172. 《單行書・處蕃始末・甲戌十二月之三・第八十五冊》，A03030367100。

173. 《單行書・處蕃始末・甲戌十二月之二・第八十四冊》，A03030364700。

174. 《單行書・處蕃始末・甲戌十二月之一・第八十三冊》，A03030360900。

175. 《單行書・處蕃始末・甲戌十一月之十二・第八十二冊》，A03030357900。

176. 《單行書・處蕃始末・甲戌十一月之十一・第八十一冊》，A03030353900。

177. 《單行書・處蕃始末・甲戌十一月之十・第八十冊》，A03030349800。

178. 《單行書・處蕃始末・甲戌十一月之九・第七十九冊》，A03030346200。

179. 《單行書・處蕃始末・甲戌十一月之八・第七十八冊》，A03030343000。

180. 《單行書・處蕃始末・甲戌十一月之七・第七十七冊》，A03030340800。

181. 《單行書・處蕃始末・甲戌十一月之六・第七十六冊》，A03030337300。

182. 《單行書・處蕃始末・甲戌十一月之五・第七十五冊》，A03030333700。

183. 《單行書・處蕃始末・甲戌十一月之四・第七十四冊》，A03030330100。

184. 《單行書・處蕃始末・甲戌十一月之三・第七十三冊》，A03030327800。

185. 《單行書・處蕃始末・甲戌十一月之二・第七十二冊》，A03030324600。

186. 《單行書・處蕃始末・甲戌十一月之一・第七十一冊》，A03030321500。

187. 《單行書・處蕃始末・甲戌十月之十七・第七十冊》，A03030318700。

188. 《單行書・處蕃始末・甲戌十月之十六・第六十九冊》，A03030313800。

189. 《單行書・處蕃始末・甲戌十月之十五・第六十八冊》，A03030311000。

190. 《單行書・處蕃始末・甲戌十月之十四・第六十七冊》，A03030308200。

191. 《單行書・處蕃始末・甲戌十月之十三・第六十六冊》，A03030305300。

192. 《單行書・處蕃始末・甲戌十月之十二・第六十五冊》，A03030302000。

193. 《單行書・處蕃始末・甲戌十月之十一・第六十四冊》，A03030298400。

194. 《單行書・處蕃始末・甲戌十月之十・第六十三冊》，A03030295700。

195. 《單行書・處蕃始末・甲戌十月之九・第六十二冊》，A03030293300。

196. 《單行書・處蕃始末・甲戌十月之八・第六十一冊》，A03030289600。

197. 《單行書・處蕃始末・甲戌十月之七・第六十冊》，A03030287100。

198. 《單行書・處蕃始末・甲戌十月之六・第五十九冊》，A03030283000。

199. 《單行書・處蕃始末・甲戌十月之五・第五十八冊》，A03030281100。

200. 《單行書・處蕃始末・甲戌十月之四・第五十七冊》，A03030277900。

201. 《單行書・處蕃始末・甲戌十月之三・第五十六冊》，A03030274700。

202. 《単行書・處蕃始末・甲戌十月之二・第五十五冊》，A03030272000。

203. 《単行書・處蕃始末・甲戌十月之一・第五十四冊》，A03030270400。

204. 《単行書・處蕃始末・甲戌九月之十三・第五十三冊》，A03030268000。

205. 《単行書・處蕃始末・甲戌九月之十二・第五十二冊》，A03030263800。

206. 《単行書・處蕃始末・甲戌九月之十一・第五十一冊》，A03030259600。

207. 《単行書・處蕃始末・甲戌九月之十・第五十冊》，A03030256600。

208. 《単行書・處蕃始末・甲戌九月之九・第四十九冊》，A03030253900。

209. 《単行書・處蕃始末・甲戌九月之八・第四十八冊》，A03030252200。

210. 《単行書・處蕃始末・甲戌九月之七・第四十七冊》，A03030249000。

211. 《単行書・處蕃始末・甲戌九月之六・第四十六冊》，A03030246100。

212. 《単行書・處蕃始末・甲戌九月之五・第四十五冊》，A03030242700。

213. 《単行書・處蕃始末・甲戌九月之四・第四十四冊》，A03030240200。

214. 《単行書・處蕃始末・甲戌九月之三・第四十三冊》，A03030236800。

215. 《単行書・處蕃始末・甲戌九月之二・第四十二冊》，A03030233700。

216. 《単行書・處蕃始末・甲戌九月之一・第四十一冊》，A03030231900。

217. 《単行書・處蕃始末・甲戌八月之九・第四十冊》，A03030228200。

218. 《単行書・處蕃始末・甲戌八月之八・第三十九冊》，A03030224700。

219. 《単行書・處蕃始末・甲戌八月之七・第三十八冊 A03030220900。

220. 《単行書・處蕃始末・甲戌八月之六・第三十七冊》，A03030218100。

221. 《単行書・處蕃始末・甲戌八月之五・第三十六冊》，A03030215900。

222. 《単行書・處蕃始末・甲戌八月之四・第三十五冊》，A03030213300。

223. 《単行書・處蕃始末・甲戌八月之三・第三十四冊》，A03030210300。

224. 《単行書・處蕃始末・甲戌八月之二・第三十三冊》，A03030207200。

225. 《単行書・處蕃始末・甲戌八月之一・第三十二冊》，A03030203000。

226. 《単行書・處蕃始末・甲戌七月之八・第三十一冊》，A03030200700。

227. 《単行書・處蕃始末・甲戌七月之七・第三十冊》，A03030196400。

228. 《単行書・處蕃始末・甲戌七月之六・第二十九冊》，A03030192100。

229. 《単行書・處蕃始末・甲戌七月之五・第二十八冊》，A03030188700。

230. 《単行書・處蕃始末・甲戌七月之四・第二十七冊》，A03030185700。

231. 《単行書・處蕃始末・甲戌七月之三・第二十六冊》，A03030182900。

232. 《単行書・處蕃始末・甲戌七月之二・第二十五冊》，A03030179600。

233. 《単行書・處蕃始末・甲戌七月之一・第二十四冊》，A03030175100。

234. 《單行書・處蕃始末・甲戌六月之七・第二十三冊》，A03030172700。
235. 《單行書・處蕃始末・甲戌六月之六・第二十二冊》，A03030169900。
236. 《單行書・處蕃始末・甲戌六月之五・第二十一冊》，A03030167000。
237. 《單行書・處蕃始末・甲戌六月之四・第二十冊》，A03030164000。
238. 《單行書・處蕃始末・甲戌六月之三・第十九冊》，A03030161700。
239. 《單行書・處蕃始末・甲戌六月之二・第十八冊》，A03030160300。
240. 《單行書・處蕃始末・甲戌六月之一・第十七冊》，A03030157600。
241. 《單行書・處蕃始末・甲戌五月之七・第十六冊》，A03030155100。
242. 《單行書・處蕃始末・甲戌五月之六・第十五冊》，A03030151000。
243. 《單行書・處蕃始末・甲戌五月之五・第十四冊》，A03030149000。
244. 《單行書・處蕃始末・甲戌五月之四・第十三冊》，A03030144700。
245. 《單行書・處蕃始末・甲戌五月之三・第十二冊》，A03030141900。
246. 《單行書・處蕃始末・甲戌五月之二・第十一冊》，A03030139200。
247. 《單行書・處蕃始末・甲戌五月之一・第十冊》，A03030135800。
248. 《單行書・處蕃始末・甲戌四月之五・第九冊》，A03030130500。
249. 《單行書・處蕃始末・甲戌四月之四・第八冊》，A03030122400。
250. 《單行書・處蕃始末・甲戌四月之三・第七冊》，A03030116100。
251. 《單行書・處蕃始末・甲戌四月之二・第六冊》，A03030107700。
252. 《單行書・處蕃始末・甲戌四月之一・第五冊》，A03030101400。
253. 《單行書・處蕃始末・甲戌春・第四冊》，A03030099600。
254. 《單行書・處蕃始末・癸酉下・第三冊》，A03030098100。
255. 《單行書・處蕃始末・癸酉上・第二冊》，A03030097100。
256. 《單行書・處蕃始末・辛未壬申・第一冊》，A03030094700。
257. 《單行書・處蕃書類追錄九》，A03030092300。
258. 《單行書・處蕃書類追錄八》，A03030090700。
259. 《單行書・處蕃書類追錄七》，A03030088100。
260. 《單行書・處蕃書類追錄六》，A03030085000。
261. 《單行書・處蕃書類追錄五》，A03030082500。
262. 《單行書・處蕃書類追錄四》，A03030080800。
263. 《單行書・處蕃書類追錄三》，A03030075900。
264. 《單行書・處蕃書類追錄二》，A03030072100。
265. 《單行書・處蕃書類追錄一》，A03030069400。

266. 《單行書・處蕃書類臺灣蕃地草木略記》，A03030069320。

267. 《單行書・處蕃書類公法類纂五》，A03030069100。

268. 《單行書・處蕃書類公法類纂四》，A03030067400。

269. 《單行書・處蕃書類公法類纂三》，A03030066300。

270. 《單行書・處蕃書類公法類纂二》，A03030064700。

271. 《單行書・處蕃書類公法類纂一》，A03030064100。

272. 《單行書・處蕃書類汽船要領・天》，A03030060600。

273. 《單行書・李氏書翰目錄・横文》，A03030060300。

274. 《單行書・蒸氣船兵庫丸書類目錄》，A03030056400。

275. 《單行書・處蕃書類橫文記錄類總目錄》，A03030055200。

276. 《單行書・處蕃書類フヲルモサレコルド原稿・第二號・横文》，A03030053400。

277. 《單行書・處蕃書類フヲルモサレコルド原稿・第一號・横文》，A03030043200。

278. 《單行書・處蕃書類フヲルモサレコルド横文》，A03030038800。

279. 《單行書・處蕃書類フヲルモサレコルド横文》，A03030035600。

280. 《單行書・處蕃書類フヲルモサレコルド横文》，A03030031100。

281. 《單行書・處蕃書類フヲルモサレコルド横文》，A03030022900。

282. 《單行書・處蕃書類フヲルモサレコルド横文》，A03030022100。

283. 《單行書・處蕃書類フヲルモサレコルド横文》，A03030020200。

284. 《單行書・處蕃書類フヲルモサレコルド横文》，A03030012400。

285. 《單行書・處蕃書類フヲルモサレコルド横文・電報類》，A03030002900。

286. 《單行書・處蕃書類フヲルモサレコルド横文・蕃地事務局横文記錄總目錄・第一號記錄》，A03030000100。

二、日文參考書目

1. 金城正篤，《琉球處分論》，沖繩タイムス社，1978 年。

2. 仲里讓，《琉球處分的全貌》，クォリティ出版，2001 年。

3. 新川明，《琉球處分以後（上、下）》，朝日新聞社，2005 年。

4. 渡久山寬三，《琉球處分》，新人物往來社，1990 年。

5. 大城立裕，《琉球處分》，講談社，1968 年。

6. 並岳生，《尚泰王／琉球處分（上、中、下）》，新星出版，2006 年。

7. 大城立裕，《小説琉球處分》，講談社，1972 年。

8. 伊波普猷，《古琉球》，青磁社，昭和 18 年。

9. 東恩納寬淳，《琉球の歷史》，志文堂，昭和 47 年。

10. 宮城榮昌，《琉球の歷史》，吉川弘文館，1977 年版。

11. 大城立裕，《沖繩歷史散步》，創元社 1991 年版。

12. 宮城榮昌等編，《沖繩歷史地圖》，柏書房，1983 年版。

13. 金城正篤，《琉球處分論》，沖繩タイムス社，1980 年版。

14. 高良倉吉，《琉球的時代》，日本沖繩南西出版社 1989 年版。

15. 《琉球王國》，岩波書店，1993 年版。

16. 毛利敏彥的，《臺灣出兵》，中央公論社，1996 年。

17. 明治文化研究會主編，《明治文化全集》第 24 卷，日本評論社，1993 年。

18. 明治文化資料叢書刊行會主編，《明治文化資料叢書》第 4 卷，風間書房，1962 年。

19. 那霸市企畫部市史編集室所編著，《那霸市資料》中的第 2 卷資料篇，那霸市，1971 年。

20. 嶋津與志，《琉球王國衰亡史》，岩波書店，1992。

21. 番地事務局，《處番趣旨書》，內閣秘本，大久保文庫 952・031S55，日本立教大學圖書館藏。

22. 金井之恭，《使清辨理始末》，日本立教大學圖書館藏，明治八年刊。

23. 板野正高，《近代中國政治外交史》，東京大學出版會，1973 年。

24. 板野潤治，《近代日本の外交と政治》，研文出版社，1985 年。

25. 我部政男、栗原純，《ル・ジャンドル臺灣紀行》，綠陰書房，1998 年。

26. 山本春樹、黃智慧，《臺灣原住民の現在》，株式會社草風館，2004 年。

27. 東アジア近代史研究會，《東アジア近代史》，第二號（東アジア近代史研究會，1999 年 3 月。

28. 東アジア近代史研究會，《東アジア近代史》，第三號（東アジア近代史研究會，2000 年 3 月。

29. 佐藤慎一，《近代中國の知識人と文明》，東京大學出版會，1996 年。

30. 山室信一，《思想課題としてのアジア》，岩波書店，2001 年。

31. 清澤きよし，《外政家としての大久保利通》，中央公論社，昭和十七年。

32. 安岡昭男，《明治前期日清交涉史研究》，嚴南堂書店，1995 年。

33. 茂木敏夫，《變容する近代東アジアの國際秩序》，山川出版社，1997 年。

34. イアン ニッシュ編麻田貞雄訳，《歐米から見た岩倉使節團》，ミネルバ

書房，2002 年。

35. 田中彰，《岩倉使節團の歷史的研究》，岩波書店，2002 年。

36. 浜下武治，《朝貢システムと近代アジア》，岩波書店，1997 年。

37. 岡崎久英，《百年の遺產》，扶桑社，2002 年。

38. 加藤陽子，《戰爭の日本近現代史》，講談社，2002 年。

39. 竹內好，《近代の日本と中國》，朝日新聞社，1971 年。

40. 入江昭，《日本の外交》，中公新書，1966 年。

41. 戶川豬佐武，《山縣有朋と富國強兵のリーダー》，講談社，1983 年。

42. 多田好問，《岩倉公實記》，原書房，1968 年。

43. 日本史籍協會，《大久保文書》，東京大學出版會，1929 年。

44. 田中彰，《岩倉使節團と歐米回覽實記》，岩波書店，1994 年。

45. 久米邦武，《米歐回覽實記》，博聞社，1878 年。

46. 東亞同文會編，《對支回顧錄東京》，原書房，1968 年。

三、中文史料及著作

1. 國史館臺灣文獻館，《處番提要》，民國九十四年版（2005 年）。

2. 國史館臺灣文獻館，《風港營所雜記》，民國九十二年版（2003 年）。

3. 中國第一歷史檔案館編，《清代中琉關係檔案選編》，中華書局 1993 年 4 月版。

4. 李鴻章，《李文忠公全書 譯署函稿》，北京圖書館古籍館清史文獻中心藏。

5. 寶鋆等編修，《同治朝籌辦夷務始末》，北京圖書館古籍館清史文獻中心藏。

6. 沈雲龍主編，《清末臺灣洋務 臺灣對外關係史料》，近代中日史料叢刊續編第五十一輯，文海出版社。北京圖書館古籍館清史文獻中心藏。

7. 王鐵崖，《中外舊約章彙編》第二冊，三聯書店 1962 年版。

8. 安間繁樹，《琉球列島》，東海大學出版會，1982 年版。

9. 楊仲揆，《琉球古今談》，臺灣商務印書館，1990 年版。

10. 陳碧笙，《臺灣地方史》，中國社會科學出版社 1982 年版。

11. 陳劍峰著，《文化與東亞、西歐國際秩序》，上海大學出版社 2004 年版。

12. 陳守亭，《牡丹社事件與沈葆楨治臺績考》，正中書局民國七十五年版。

13. 陳向陽，《中國睦鄰外交》，時事出版社 2004 年 1 月版。

14. 程道德，《近代中國外交與國際法》，現代出版社 1993 年版。

15. 戴寶村，《帝國的入侵 牡丹社事件》，自立晚報社文化出版部 1993 年版。

16. 李雲泉，《朝貢制度史論》，新華出版社 2004 年版。

17. 李祖基，《臺灣歷史研究》，臺海出版社 2006 年版。

18. 米慶餘，《日本近代外交史》，南開大學出版社 1988 年版。

19. 戚其章，《國際法視角下的甲午戰爭》，人民出版社 2001 年 9 月版。

20. 沈予，《日本大陸政策史》，社會科學文獻出版社 2005 年 8 月版。

21. 藤井志津枝，《近代中日關係史源起 1871 年～1874 年臺灣事件》，金禾出版社 1992 年版。

22. 伊能嘉矩著、楊南郡譯，《臺灣踏查日記》，遠流出版公司 1996 年版。

23. 中國社會科學院近代史所，《日本侵華七十年史》，中國社會科學出版社 1992 年 10 月版。

24. 蕭一山，《清史》，臺北，臺灣商務印書館 1980 年版。

四、論文

1. 我部政男，《明治國家與沖繩》，《歷史評論》，第 379 號，1981 年。

2. 熊谷光久，《從軍事面上看琉球處分》，《政治經濟史學》，第 208 號，1983 年。

3. 菊山正明，《琉球處分中裁判權接收問題與眞宗法難事件》，《琉球大學教育學部紀要》，第 27 號，1984 年。

4. 伊東昭雄，《「琉球處分」與琉球救國運動——以脫清者的活動爲中心》，《橫浜市立大學論叢人文科學系列》，第 38 號，1987 年。

5. 山下重一，《琉球處分概説》，《國學院法學》，第 27 號，1990 年。

6. 安岡昭男，《山縣有朋與琉球處分——圍繞壬申 8 月建議》，《政治經濟史學》，第 312 號，1992 年。

7. 原剛，《明治初期沖繩的軍備——琉球處分時分遣隊的派遣》，《政治經濟史學》，第 317 號，1992 年。

8. 小林隆夫，《臺灣事件與琉球處分——李仙得的作用再考－1》，《政治經濟史學》，第 340 號，1994 年。

9. 小林隆夫，《臺灣事件與琉球處分——李仙得的作用再考－2》，《政治經濟史學》，第 341 號，1994 年。

10. 小沢隆司《日本與沖繩——琉球處分的憲法史》，《法學研究》，第號 1997 年。

11. 德松信男《被侵略的尖閣列島——是日本人守衛國土（6）從琉球處分到日清戰爭》，《祖國與青年》，第 259 號，2000 年。

12. 閻立《清末洋務派的「近代」受容——以「琉球處分」爲中心》，《法政

大學教養部紀要》，第 116 號，2001 年。

13. 芳澤拓也，《琉球處分以後、明治期沖繩社會構造──以伊波普猷爲中心的新知識人的誕生》，《教育科學研究》，第 19 號，2001 年。

14. 山下重一，《「ジャパン・ガゼット」論說的琉球處分批判與井上毅的反論》，《國學院法學》，第 154 號，2002 年。

15. 山下重一，《井上毅的反駁稿（ミニシンポジウム「琉球處分をめぐる國際紛爭）》，《國學院法學》，第 158 號，2003 年。

16. 山口榮鐵，《ガゼット論說の琉球處分批判（ミニシンポジウム「琉球處分をめぐる國際紛爭）》，《國學院法學》，第 158 號，2003 年。

17. 梧陰文庫研究會，《ミニシンポジウム「琉球處分をめぐる國際紛爭」》，《國學院法學》，第 158 號，2003 年。

18. 後藤新，《「琉球處分」的基礎研究──以琉球番設置爲中心》，《法學政治學論究》，第 56 號，2003 年。

19. 孫軍悅，《「同文」的陷阱──圍繞著「琉球處分」的日清交涉爲中心》，《奈良教育大學國文》，第 27 號，2004 年。

20. 里井洋一，《日本・臺灣・中國教科書中臺灣事件・琉球處分記述的考察》，《琉球大學教育學部紀要》，第 68 號，2006 年。

21. 鹽出浩之，《圍繞琉球處分日本的報紙報導》，《政策科學・國際關係論集》，第 9 號，2007 年。

22. 上間創一郎，《近代天皇制與琉球處分》，《應用社會學研究》，第 50 號，2008 年。

23. 割田聖史，《「琉球處分」史中的民族──「琉球處分」史相關基礎的考察》，《沖繩研究日記》，第 17 號，2008 年。

24. 西里喜行，《東亞史中的琉球處分》，《經濟史研究》，第 13 號，2009 年。

25. 川畑惠，《琉球處分研究的回顧──以一九五〇年代～七〇年代爲中心》，《沖繩研究日記》，第 18 號，2009 年。

26. 波平恒男，《「琉球處分」再考──琉球藩王冊封和臺灣出兵問題》，《政策科學・國際關係論集》，第 11 號，2009 年。

27. 與儀秀武，《薩摩侵攻四〇〇年和琉球處分一三〇年》，《情況》，第三期，第 87 號，2009 年。

28. 《特集 琉球侵略四〇〇年、琉球處分一三〇年》，《飛碟》，通號 62，2009 年。

29. 我部政男《公開研究會關於「琉球處分」》，《沖繩研究日記》，第 19 號，2010 年。

30. 波平恒男，《琉球處分的歷史過程再考──從「琉球處分」的本格化到廢

藩置縣》,《政策科學‧國際關係論集》,第 12 號,2010 年。

31. 西里喜行,《「琉球處分」的負遺產》,《環》,第 43 號,2010 年。

32. 陳在正,《牡丹社事件所引起之中日交涉及其善後》,《中央研究院近代史研究所集刊》,第二十二期,民國 82 年 6 月。

33. 陳在正,《1874 年日本出兵臺灣與挑起臺灣內山領土主權的爭論》,《中國邊疆史地研究報告》1992 年第 1~2 期合刊。

34. 陳在正,《1874 年中日〈北京專條〉辨析》,《臺灣研究集刊》1994 年第一期、中國史學會、全國臺灣研究會主編的《臺灣史研究論集》,華藝出版社 1994 年版。

35. 程鵬,《西方國際法首次傳入中國問題的探討》,《北京大學學報》,1989 年第五期。

36. 曹勝,《試論國際法的輸入對晚清近代化的影響》,《青島科技大學學報》,2002 年第四期。

37. 曹英、劉蘇華,《論早期維新派的國家主權觀念》,《長沙理工大學學報》,2004 年第四期。

38. 丁光泮,《試論北京同文館對近代國際法的翻譯與教學》,《西華師範大學學報》,2005 年第四期。

39. 黃俊華,《李鴻章與晚清宗藩體制的瓦解》,2004 年河南大學碩士論文。

40. 洪燕,《同治年間萬國公法在中國的傳播和應用》,2006 年華東師範大學碩士論文。

41. 況落華,《大沽口船舶事件:晚清外交運用國際法的成功個案》,《安慶師範學院學報》,2006 年第一期。

42. 孔凡嶺,《1874 年日本出兵臺灣探析》,《臺灣研究》1997 年第二期。

43. 呂彩雲,《晚清中日兩國修改不平等條約之比較》,2005 年西南交通大學碩士論文。

44. 路偉,《日本與近代東北亞國際體系的轉型》,2005 年吉林大學碩士論文。

45. 劉彬,《李鴻章外交思想評析》,《北方論叢》,2000 年第三期。

46. 劉悅斌,《薛福成對近代國際法的接受和運用》,《河北師範大學學報》,1998 年第二期。

47. 米慶餘,《琉球漂民事件與日軍入侵臺灣(1871~1874 年)》,《歷史研究》,1999 年第一期。

48. 歐陽躍峰,《李鴻章與近代唯一的平等條約》,出自《安徽師大學報》,1998 年第二期。

49. 藤井志津枝,《一八七一年~一八七四年臺灣事件之研究》,臺灣大學歷史系碩士論文,1982 年。

50. 張振鵾，《關於中國在臺灣主權的一場嚴重鬥爭～1874 年日本侵犯臺灣之役在探討》，《近代史研究》，1993 年第六期。

51. 鄒芳，《近二十年對郭嵩燾與國際法問題研究綜述》，《船山學刊》，2006年第一期。

52. 孫承，《1874 年日本侵略臺灣始末》，《日本問題》，1980 年第二十六期。